Eu Sou
Saint Germain

O Pequeno Grande Livro da Chama Violeta em Ação

(Inclui informações sobre O Retorno de Kalki)

Carmen Balhestero

Eu Sou Saint Germain

O Pequeno Grande Livro da Chama Violeta em Ação

(Inclui informações sobre O Retorno de Kalki)

MADRAS®

© 2024, Madras Editora Ltda.

Editor:
Wagner Veneziani Costa

Produção e Capa:
Equipe Técnica Madras

Ilustração da Capa:
João Pio Almeida Prado

Revisão:
Neuza Rosa
Arlete Genari

Dados Internacionais de Catalogação na Publicação (CIP)
(Câmara Brasileira do Livro, SP, Brasil)

Balhestero, Carmen
Eu sou Saint Germain : o pequeno grande livro
da Chama Violeta em ação / Carmen Balhestero. -- São Paulo : Madras, 2024.
Inclui informações sobre "O retorno de Kalki"

ISBN 978-85-370-0926-0

    1. Grande Fraternidade Branca 2. Ocultismo
    I. Título.
    14-07227   CDD-299.93
    Índices para catálogo sistemático:
    1. Mensagens : Grande Fraternidade Branca :
    Religiões de natureza universal 299.93

É proibida a reprodução total ou parcial desta obra, de qualquer forma ou por qualquer meio eletrônico, mecânico, inclusive por meio de processos xerográficos, incluindo ainda o uso da internet, sem a permissão expressa de Madras Editora, na pessoa de seu editor (Lei nº 9.610, de 19.2.98).

Todos os direitos desta edição reservados pela

MADRAS EDITORA LTDA.
Rua Paulo Gonçalves, 88 – Santana
CEP: 02403-020 – São Paulo/SP
Tel.: (11) 2281-5555 — (11) 98128-7754
www.madras.com.br

Índice

Agradecimentos 7

Apresentação 10

Mensagem do Mestre Saint Germain para os Momentos de Mudanças que Estamos Vivenciando 25

Gratidão Eterna ao Bem-Amado Mestre Saint Germain por Sua Presença Luminosa em Nossa Vida 28

O Retorno de Kalki 41

A Chama Violeta 46

A Cruz de Malta 59

Exercício de Cocriação por Mestre Saint Germain 62

Os Sete Portais da Chama Violeta 68

Mensagens Canalizadas do Mestre Saint Germain.. 88

Propósito dos Mestres Ascensos para a Humanidade 117

Orações para o Momento de Transformação Planetária que Estamos Vivenciando........... 119

Apelos e Decretos do Fogo Violeta pela sua atuação sobre a Mãe Terra agora!........ 142

Sobre a Autora 188

A Fraternidade Pax Universal.................... 190

Agradecimentos

Agradeço ao Poder Supremo de Deus Pai-Mãe, pela oportunidade de servir à Luz nestes momentos de transformação planetária, e ao Bem-Amado Mestre Saint Germain, por todas as Bênçãos e Graças recebidas.

À minha família terrena, meus pais André e Genny e minhas irmãs Vera e Cláudia, que são a base da minha vida espiritual; à minha estrelinha Nicole e aos meus cunhados Neto e Alex.

Ao meu companheiro há vinte anos, Clêudio Bueno, pela paciência, pelo amor, pela compreensão e determinação.

Ao meu editor, Wagner Veneziani Costa, pela confiança e amizade. Ele acompanha minha jornada espiritual há 23 anos e editou meus primeiros livros: *Milagres São Naturais – Manifeste o Seu* e *Curso de Maestria e Ascensão por Mestre Saint Germain*.

Agradeço à Sandra Scapin, pela edição de texto em tempo recorde.

Agradeço ao reino Animal, que me fez conhecer o amor incondicional e a fidelidade por intermédio dos meus anjos Aloha, Merlin, Shasta e Star, que já estão nos planos de Luz, e de Órion e Sírius, que trazem uma nova onda de Luz, equilíbrio e inspiração, renovando minha vida a cada dia.

Agradeço à Família PAX, que sustenta os ensinamentos dos Mestres da Fraternidade Branca na Mãe Terra por meio do trabalho devocional e do exemplo; à Heloísa Lassálvia e ao Jordão Torres, pelo trabalho e comprometimento com o Mestre Saint Germain e com os Mestres da Fraternidade Branca, dirigindo os trabalhos da PAX comigo desde 1990 – reencontramo-nos nesta vida, mas estamos juntos desde a Lemúria.

Agradeço a você que escolheu ler estas linhas. Este é seu momento de reencontrar o Bem-Amado Mestre Saint Germain. É um novo ciclo certamente para todos nós.

Que o Poder de Deus e dos Mestres da Luz abençoem cada momento de sua Vida com Fé, Amor, Abundância, Saúde e muitas

Realizações. Obrigada, Família PAX, por co-criar este *momentum* conosco.

Juntos, orando, agindo de forma consciente e olhando para a mesma direção, criamos um mundo melhor a cada dia, de acordo com as nossas escolhas.

Dias iluminados com muito Amor, Saúde, Abundância e Realizações,

PAX & Luz,
Eu Sou,
Carmen Balhestero

Apresentação

Vou me estender um pouco nesta apresentação, a fim de que você, querido leitor, possa não apenas ter um entendimento maior sobre a participação do Bem-Amado Mestre Saint Germain em nossa realidade, como também se aproximar de seus ensinamentos para fortalecer a si mesmo e à Nova Consciência de UNIDADE no Planeta.

Os ensinamentos do Bem-Amado Mestre Saint Germain, na forma de canalizações feitas por mim, são transmitidos na PAX, que é um ponto de encontro de vários seres de muitas dimensões diferentes.

A PAX é uma instituição ecumênica, que respeita todas as filosofias que comungam dos preceitos da Fraternidade, da Integridade e da Luz e que têm o Amor com linguagem. Ela é dirigida pelo Mestre Ascensionado Saint Germain, da Grande Fraternidade Branca Universal, que é

Apresentação

uma "Família" de Espíritos que Ascencionaram e ajudam a Humanidade a aprender maneiras novas e simples de viver estes momentos de Transformação Planetária – maneiras que estão de acordo com os Direitos Humanos e com os Princípios Divinos para cocriar a PAZ.

Na Grande Fraternidade Branca, a energia flui na forma de raios de luz. Cada raio se encontra sob a responsabilidade de um Mestre Ascensionado, e sua energia tem características próprias. No caso do Mestre Saint Germain, ele é o responsável pelo Raio Violeta, e as características desse raio são a Transmutação, a Aceleração, o Perdão, a Misericórdia, a Abundância e os Novos Começos.

> *Quando usamos a cor violeta em nossa roupa ou a visualizamos ou a projetamos, absorvemos a frequência das qualidades de outros patamares.*

A base do trabalho da PAX é a Oração.

Há 33 anos, nós rezamos toda quinta-feira pela Paz Planetária, para construir um *momentum* de uma Nova Consciência de UNIDADE no Planeta.

É importante lembrar que a principal prece tem que vir do coração. Ficar repetindo palavras sem colocar total atenção, sentimento e foco no que se diz não é rezar, mesmo que as palavras repetidas sejam de uma Oração. Na verdadeira prece, o coração tem que participar do que estamos rezando.

Mestre Saint Germain começou a governar espiritualmente a Mãe Terra em 1º de maio de 1954, a fim de conduzir a Humanidade à Ascensão de uma Nova Idade de Ouro. Seu Templo de Luz é sobre uma localização física chamada Mount Shasta – uma montanha sagrada situada ao norte da Califórnia – nos Estados Unidos. É de lá que o Bem-Amado Mestre irradia Luz para a Mãe Terra.

Desde 1988 eu vou a Mount Shasta todos os anos para recarregar minha energia e receber instruções claras a respeito do trabalho da PAX para o ano seguinte, e também levo grupos de pessoas para, igualmente, recarregarem suas energias. Lá, fazemos orações pela PAZ Planetária, já que a montanha é um poderoso vórtex de Luz da Lemúria.

Apresentação

Mount Shasta é um local precioso e sagrado para mim, pois foi lá que o Mestre Saint Germain me transmitiu orientações muito importantes. Além de me mostrar que seu Templo de Luz se encontra exatamente em cima da montanha, ele também pediu a realização da Primeira Conferência de Metafísica no Brasil em maio de 1988, durante o Festival de Wesak, e me pediu para ir a Mount Shasta todos os anos no mês de agosto, no dia 13, mais precisamente.

Treze de agosto é um dia muito especial na minha vida e na história da PAX – é o dia em que o Mestre Saint Germain se aproxima mais do meu corpo físico, e também do corpo das pessoas presentes nos Rituais que realizamos em Mount Shasta.

Um pouco de história

Eu morava em Los Angeles, onde passei um ano.

Certa vez, um grupo de amigos do Templo Maçônico que eu frequentava me convidou para passar o fim de semana em uma montanha e aceitei. Ali, nasci para a minha verdadeira vida.

Era fevereiro de 1988.

Lembro-me de que foram onze horas de carro de Los Angeles à tal montanha, que se chamava Mount Shasta, onde passaríamos o fim de semana. Quando chegamos, já noitinha, nevava muito, e logo fomos dormir. A certa altura, acordei e vi o Mestre Saint Germain no quarto, diante de mim, pedindo-me que saísse da casa, pois queria me mostrar algo. Respondi que estava nevando e pedi-Lhe que falasse comigo ali mesmo, mas Ele insistiu que eu devia sair, porque tinha de "ver" algo. Então, saí e dei de cara com a montanha, mas o Mestre me fez ver que havia mais alguma coisa, e me mostrou o Templo de LUZ que ficava acima da montanha... E o templo que estava ali, acima de Mount Shasta, bem na minha frente, era um lugar que eu já conhecia, pois, desde criança, visito esse Templo todas as noites quando vou dormir, para conversar com o Mestre. Só não sabia que a localização geográfica era aquela.

Fiquei muito emocionada com aquela situação...

Apresentação

Lembro-me de que tocava uma música na casa ao lado e senti uma verdadeira transformação. Foi nessa ocasião que o Mestre me pediu para realizar as Conferências Internacionais de Metafísica, dizendo que a primeira deveria ser na lua cheia de Wesak daquele ano.

Era dia 14 de fevereiro de 1988. Desde então, a PAX realizou 22 Conferências Internacionais.

O Mestre também pediu que eu retornasse à montanha todos os anos, no dia 13 de agosto, para que Ele me instruísse quanto às atividades da PAX para o ano seguinte e recarregasse a minha energia.

Isso tudo aconteceu um dia depois da Convergência Harmônica...

> *A Convergência Harmônica foi um evento ocorrido de 13 agosto de 1987 a 13 de fevereiro de 1988, e pode ser resumido como um momento de Dispensação Crística, quando a Humanidade recebeu Bênçãos especiais durante seis meses para que mais pessoas pudessem despertar para a verdadeira espiritualidade.*

Em 2012, pela primeira vez, o Mestre "trocou o corpo energético" das pessoas que eu havia levado a Mount Shasta. Depois, quando retornamos ao Brasil, fizemos um Ritual na PAX, no qual usamos uma enorme pedra física, que foi especialmente preparada para que as pessoas no Brasil também pudessem "trocar de corpo energético". Essa pedra, até hoje, encontra-se no chão, na entrada da sala de Oração da PAX, a fim de que todos os que lá entrarem possam passar pelo processo de transformação.

A lição de casa

A Mãe Terra está passando por grandes Transformações. Todos os Elementos da Natureza – Fogo, Terra, Ar, Água – estão passando por ajustes energéticos, e isso nos possibilita reavaliar nossa vida pessoal e nossas escolhas específicas, para que possamos fazer a diferença e criar uma nova plataforma e uma nova forma de ver e de manifestar a Unidade e a Perfeição alinhadas aos Elementos, que são a nossa base no Planeta.

Apresentação

A energia deste momento é a Verdade. Precisamos viver a VERDADE em cada instante de nossa vida.

O Bem-Amado Mestre Saint Germain ensina que ninguém precisa ser pobre para encontrar a Paz Interna e ajudar as pessoas. Ao contrário, com Abundância e sendo um exemplo vivo, respeitando todos os reinos e formas de vida, nós temos condições de servir de uma forma melhor e de tocar mais pessoas ao redor do mundo. É claro que agimos de acordo com nossos pensamentos e escolhas conscientes em nossa vida diária.

É muito importante que todos nós possamos assumir a responsabilidade de formar uma nova geração, capaz de usar a mente e o coração de forma positiva e construtiva.

O preâmbulo da Organização Cultural, Científica, Educacional das Nações Unidas (Unesco) começa com as seguintes palavras: "Uma vez que as guerras começam na mente dos homens, é na mente dos homens que as defesas de PAZ devem ser construídas".

Sempre temos duas energias dentro de nós, ajudando-nos a fazer escolhas na Vida: uma vem do coração, que é o Amor, e a outra vem da mente, que é o Medo. A mente, em geral, analisa e julga; quando não se tem disciplina para acalmar a mente, ela cria ilusões e atrai sofrimento. Seria mais fácil viver em sintonia com o coração, uma vez que ele é o lar do amor e da compaixão. A mente e o coração criam uma batalha diária para que possamos decidir como direcionar nossas escolhas conscientes.

É importante que cada um possa assumir a responsabilidade de escolher viver de acordo com a própria Intuição e com os sentimentos do próprio coração, com mais paciência, humildade e generosidade ao lidar uns com os outros.

Deus sempre fala conosco de coração para coração e Ele nos ama muito. Nunca perde a paciência conosco e espera que o nosso coração possa, finalmente, acordar e assumir controle total de nossa vida, a fim de que possamos começar a praticar todas as Virtudes Divinas e nos tornar felizes todos os dias, de forma simples e eficaz, de acordo com o nosso livre-arbítrio, porque a *felicidade é o caminho mais fácil para se manifestar a Paz.*

Apresentação

O mundo, como o vemos, é o reflexo dos pensamentos e das escolhas de todas as pessoas, e, uma vez que somos seres humanos e experienciamos os mesmos desafios na vida diária, chegamos a um ponto de mudanças dramáticas em muitas áreas, em todos os países.

Eu tenho dedicado a minha vida a servir ao Caminho Espiritual e à Humanidade por meio das atividades na PAX.

Sinto que a Disciplina é a base de cada passo que damos. Eu, pessoalmente, desenvolvi os Rituais pessoais que faço todos os dias para me manter sob as Bênçãos de Deus e dos Mestres da Luz. Quando rezamos preces que já foram repetidas por outros, construímos o *momentum* (um acúmulo de energias qualificadas) e recebemos as bênçãos e os benefícios acumulados por todos aqueles que já rezaram a mesma prece.

Eu aprendi a trabalhar com a energia, e sei que precisamos prestar atenção nas energias que criamos a cada momento de nossa vida pessoal por meio de nossos pensamentos e nossas intenções. O Amor Incondicional é muito importante em todas as coisas que fazemos, escolhemos e compartilhamos a cada momento. Precisamos viver o momento presente, o "eterno agora", em vez de estar ligado ao passado que, geralmente, causa sofrimento que acaba levando à doença.

Viver cada momento de forma Consciente nos dará a chance de ver as coisas sob uma perspectiva diferente, o que nos capacitará a criar uma realidade diferente a cada dia.

Para que possamos criar um novo futuro, precisamos treinar nossa mente com pensamentos positivos e sintonizar nosso coração para que, com um objetivo claro, intenção e energia correta, que é o Amor, tudo se torne possível. Todos os visionários atingiram seus sonhos seguindo as suas Visões, a sua Intuição e a Voz de seu Coração, em vez de ouvir a voz da mente racional. Todos alcançaram suas realizações concentrando-se na mente supraconsciente, que é onde reside o Espírito Santo em cada um, guiando nossos pensamentos positivos e manifestações.

Nossas filosofias e escolhas na vida estabelecem o tom para que possamos criar uma base mais sólida, plantando novas sementes em nossa mente e realinhando nossos padrões de pensamento para que possamos criar um futuro melhor. Todos os seres humanos têm sua própria missão; à medida que construímos uma nova sociedade, baseada na Integridade e na valorização dos Direitos Humanos, reafirmamos nosso compromisso de um novo tempo e de uma nova forma de viver.

Para criar uma nova sociedade harmonizada, precisamos de coragem e autodisciplina, a fim de mudar hábitos antigos e reescolher nossos Caminhos em direção à PAZ.

Somente Pensamentos e Intenções não levam a lugar nenhum. Precisamos agir de forma consciente e ter objetivos claros para podermos ter bons resultados. Em um mundo de tantas diferenças, quando abrimos a nossa mente e o nosso coração, e estamos prontos para determinar o caminho e criar um novo começo a cada momento, o Universo nos provê inspiração, bênçãos, oportunidades e os meios corretos para seguirmos adiante.

Nós somos energia em um corpo físico, e temos que trabalhar e elevar nossas energias para podermos manifestar um melhor sentido de Unidade. Esse sentido de Unidade é o reflexo de todas as formas de Vida na Mãe Terra. Com paciência, humildade, perseverança e amor podemos alcançar a sabedoria necessária para atrair resultados construtivos. Tudo é questão de escolha. Energias positivas criam um melhor local para se viver de forma abençoada; energias negativas, por sua vez, vêm do ego-personalidade e são nossa principal lição na Mãe Terra, ou seja: aprender como dissipar e transmutar o ego para que nossa alma possa assumir controle de nossa Vida.

É nossa responsabilidade, como cidadãos do mundo, olhar para as filosofias e abraçar os ensinamentos sagrados que nos unem como uma Família Global, refletindo a Totalidade e o Sagrado existentes em todos os caminhos da Vida. Todos nós compartilhamos nossa principal missão na Vida de acordo com os talentos que nos foram dados, principalmente na carreira que escolhemos, mas também na forma de compartilhar nossas energias e tempo com familiares e amigos todos os dias. Nossa principal responsabilidade agora é observar nossa mente subconsciente, que registra e libera imagens e padrões que, por algum motivo, causam impacto positivo ou negativo em nossa Vida diária. Precisamos escolher de forma correta. Se visitássemos todos os países do mundo, logo descobriríamos que as pessoas compartilham problemas similares, não importa seu *background* nem sua nacionalidade, herança cultural, orientação filosófica ou escolha religiosa.

Que, nas diretrizes do Bem-Amado Mestre Saint Germain, que pela Alquimia descobriu o Poder do Fogo Violeta, possamos aceitar o desafio de transmutar as imperfeições e os limites em nossa vida individual e em nosso Planeta, criando assim a PAZ PLANETÁRIA. Seja mais um soldado no exército da Luz, ancorando as bênçãos da Chama Violeta em sua Vida, e, juntos, vamos criar um mundo melhor, que começa com cada uma de nossas escolhas conscientes na Luz do Discernimento e da Determinação todos os dias.

Gratidão a todos que sentirem o chamado e que, como eu, possam assumir a responsabilidade de "fazer a lição de casa", exercitando e utilizando a Chama Violeta em todos os momentos da Vida.

Dias Iluminados, com muito Amor, Bênçãos e Realizações,

PAX & Luz,
Eu Sou, Carmen Balhestero.

Mensagem do Mestre Saint Germain para os Momentos de Mudanças que Estamos Vivenciando

Amados filhos,

Nestes momentos de Transformação e Novas Escolhas, em que é importante apontar as inúmeras possibilidades que todos os seres humanos têm para atrair e criar novas realidades a cada momento, nós vos abençoamos em nome da PRESENÇA EU SOU do Deus interior de cada um.

Cada vez mais a Humanidade irá sentir a importância de se concentrar no momento presente, vivendo totalmente o agora, em vez de fazer escolhas futuras e projetar a mente em ilusões. É importante sonhar e seguir os sonhos, mas a mente tem de estar ancorada no nível subconsciente, para que todas as pessoas possam alcançar uma nova dimensão da existência tocando e criando a PAZ Interna.

Sugerimos que possais utilizar a Chama Violeta para a Transmutação, Aceleração e Manifestação em cada dia de vossas vidas; apenas visualize esta cor ao vosso redor e permita que os benefícios venham à tona.

Este é o momento que todos os Espíritos da Luz esperavam, instante de novas decisões à medida que a humanidade, mais uma vez, escolhe viver na Luz e manifestar uma nova forma de Ser.

Que possais abrir vossas mentes e vossos corações vibrando na mesma frequência para receber o Amor, a Graça, a Abundância e as Novas Energias que manifestam uma Nova Idade de Ouro na Mãe Terra. Este é um momento de Ressonância. Refletindo cada escolha, ação e pensamento; frequências de Luz se expandem ao redor de cada ser encarnado, dando a possibilidade de tocar a mente e a vida de outras pessoas diariamente, fazendo grandes mudanças.

Que possais aceitar vossos dons e vivê-los plenamente, bem como possais aceitar todas as

Bênçãos que vêm de Deus-Pai-Mãe, o Grande Arquiteto dos Universos.

Visualizeis a Mãe Terra à vossa frente, totalmente envolta na Chama Violeta da Transmutação, na Chama Dourada do Discernimento, da Sabedoria e da Consciência e na Chama Verde para a Autocura e a Concentração.

Que todos os Seres abracem a Misericórdia e a Compaixão e vivam uma realidade diferente agora. Que a cada respiração, possais determinar fazer as escolhas certas, cocriando uma Nova Era de Paz, Harmonia, Equilíbrio, Abundância e Fraternidade para todos.

Amor e Luz,
Eu Sou Saint Germain.

Gratidão Eterna ao Bem-Amado Mestre Saint Germain por Sua Presença Luminosa em Nossa Vida

O Mestre Saint Germain

A verdadeira origem do Mestre Saint Germain é desconhecida. Sua última encarnação foi como Conde de Saint Germain, na

França, no século XVIII, mas há relatos de que ele apareceu nos séculos XVIII e XIX em Milão, Gênova, Veneza, Paris, Londres e São Petersburgo, como também na Índia, na China, na África e na Rússia. Usava, entre outros, o título de Príncipe Leopoldo Jorge Rakoczi, porém só usou esse título quando não mais existia ninguém dessa família.

    Filho do príncipe Franz Leopold e da princesa Carlota Amélia, últimos soberanos da Transilvânia, ele, apenas com 4 anos de idade, foi enviado a Florença, sob a tutela e proteção dos Médici, em razão da perseguição de Carlos XI. Já na França, amigo de Luiz XV, desfrutava da amizade e confiança do Rei, frequentando habitualmente a corte.

    Existe um mistério sobre sua origem. Ele afirmava que vinha da Ásia, onde havia participado de peregrinações em mosteiros das regiões montanhosas. Os maiores registros de sua presença são da época em que viveu em Paris, na corte do rei Luís XV, onde foi um hábil diplomata, com muita facilidade para dirigir-se a grandes personalidades, sem se importar com suas posições nem títulos.

Talvez tenha sido um dos maiores filósofos que já existiu, sempre muito preocupado com o rumo da humanidade. Amigo dos animais, não comia carne nem bebia vinho; aliás, diz-se que o Conde nunca foi visto comendo ou bebendo. Nas festas da corte, enquanto todos comiam, ele só bebia água e conversava.

Muito elegante, apesar de vestir-se com simplicidade, desejava apenas o dinheiro que pudesse distribuir aos pobres, mas tinha uma extravagância: os diamantes que carregava em sua caixa de tabaco, no relógio e nas fivelas. Por sinal, era exatamente a maneira sóbria de se vestir o que fazia destacar os diamantes que usava em sua indumentária. Era um homem simples e bom, que dava atenção às pessoas mais humildes.

O Conde de Saint Germain viveu durante muitos séculos, e uma peculiaridade de sua vida era o fato de ele, frequentemente, aparecer em lugares diferentes na mesma época. Também não existe registro de sua morte. Ele costumava afirmar que havia vivido o bastante para conhecer Jesus e Seus pais, para ter estado nas bodas de Caná e para saber do fim triste de Jesus. Disse também que a Virgem Maria o havia impressionado tanto, que ele mesmo pedira a canonização dela no Concílio de Niceia, no ano de 325 d.C.

O Conde de Saint Germain falava 12 línguas: francês, alemão, italiano, inglês, russo, português, espanhol, grego, latim, sânscrito, persa e chinês, o que era um conhecimento raríssimo para a época e nunca foi explicado. Com muita habilidade, podia repetir peças filosóficas inteiras, depois de as ter ouvido apenas uma vez, e também escrevia simultaneamente com as duas mãos, em folhas separadas, sem que se pudesse distinguir uma da outra. Além disso, foi músico (tocava violino), cantor e pintor.

Como músico, além de tocar canções populares e concertos com vários instrumentos musicais com excelência, de preferência o violino, compunha peças musicais (algumas datadas de 1745 e de 1760 estão no Museu Britânico), e pintava maravilhosamente bem. Embora não se tenha notícia da existência de nenhum de seus quadros em tempos atuais, é dito que suas pinturas a óleo eram maravilhosas reproduções de joias que brilhavam como se fossem reais, e que isso tornava suas pinturas notáveis, mas a técnica, ele mantinha em segredo.

Foi também um excelente joalheiro e um famoso alquimista, que estudava os metais nobres, e ainda foi conhecido como curandeiro, tendo salvado da morte algumas pessoas com graves doenças.

O Conde foi o fundador das sociedades secretas; por isso, Saint Germain, na condição de Mestre da Grande Fraternidade Branca Universal, vem com a missão de espalhar as informações da Nova Era e não de escondê-las a quatro portas, já que, como Ele mesmo diz, "o tempo urge!". Ele fez parte da Loja Maçônica em Paris, com iluministas como Rousseau, Voltaire e Benjamin Franklin.

A verdadeira missão de Saint Germain era auxiliar no progresso da ciência, encaminhar a Humanidade para a religião não dogmática e estimular a evolução geral. Ele teve muitas outras encarnações, como o Mago Merlin – o velho sábio que ajudou o rei Arthur a fundar a Ordem dos Cavaleiros da Távola Redonda.

As encarnações de Saint Germain

Os grandes Mestres Ascensionados não chegam a reencarnar por completo, mas emprestam parte de sua essência a várias emanações de vida, vivendo inclusive na mesma época. Com seu corpo de Luz, vêm executando conscientemente suas obras.

- *Sacerdote das Chamas nos Templos da Atlântida* – As Chamas eram conhecidas, invocadas e utilizadas apenas pelos Sacerdotes, e todas as curas eram realizadas pela Chama Violeta.
- *Profeta Samuel* – Juiz das Doze Tribos de Israel.
- *São José* – "O Carpinteiro", como era conhecido, era descendente de David e esposo de Maria, a mãe de Jesus; ele passou toda a sua vida em Nazaré, e morreu quando Jesus tinha 14 anos de idade e Maria, 28.

No ano 8 a.C. celebrou-se as bodas de José e Maria, que, na época, tinha 13 anos de idade. Quando o Arcanjo Gabriel, em uma visão, anunciou a Maria a concepção "não humana" de Seu primogênito, José, durante muito tempo, não entendeu como uma criança nascida de uma família humana poderia ter um destino divino. O que ele não sabia, ou melhor, não se lembrava, é que Jesus chegaria ao mundo com a mais alta Consciência Crística (essência da Consciência de Lorde Maitréya, o Cristo Cósmico) e, para nascer em corpo físico, necessitava de toda a magnitude de mãe e pai. Assim, o Plano Espiritual escolheu Maria como mãe, cuja divindade não era do reino hominal, mas sim do reino angélico, e, para pai, designou José, essênio por convicção e espírito de muita luz que encarnou na Terra vindo de uma partícula da essência divina do Mestre Saint Germain.

E foi assim que a família formada por Jesus, Maria e José, na realidade uma família cósmica, ficou conhecida como a "Família Sagrada", e São José, como "Padroeiro da Família".

- *Albano (século IV)* – Considerado o primeiro mártir das Ilhas Britânicas; até hoje, na Inglaterra, comemora-se,

em 17 de junho, o dia de Santo Albano.
- *Proclus (século V)* – Filósofo grego neoplatonista, diz-se que Proclus recebeu ensinamentos diretos da Deusa Minerva, para reforçar a ideia do Todo-Uno, e que foi o primeiro a falar em ecumenismo.
- *Merlin (século VI)* – Sacerdote, mago, vidente, amigo e conselheiro do rei Arthur, da Távola Redonda. Conta a lenda que era filho de uma bela fada e do herdeiro do trono, cujo rosto nunca viu, numa trama angélica para gerar um ser iluminado. Foi cúmplice de Morgana, a fada, para introduzir a energia feminina no império.
- *Roger Bacon (1222-1292)* – Filósofo inglês e grande estudioso de ciências naturais, matemática e idiomas clássicos. Naquela época, dedicar-se às ciências era aproximar-se da alquimia, da magia, por isso seus escritos foram proibidos. Roger Bacon produziu uma enciclopédia com

todos os conhecimentos contemporâneos e futuros, e o Papa Clemente VI, seu amigo, interessou-se pela obra e incentivou-o a criar outras ainda mais arrojadas. Porém, quando Clemente VI faleceu, suas obras voltaram a ser proibidas e ele foi preso durante 14 anos pelos franciscanos, ordem da qual fazia parte. Roger Bacon anteviu a importância das lentes convexas para o microscópio e o telescópio, predisse as várias consequências do uso da pólvora, os navios de propulsão mecânica e a possibilidade de se pôr em voo engenhos mais pesados que o ar. Tratou também de problemas de uma viagem de circum-navegação.

- *Cristóvão Colombo (1451-1506)* – Navegador genovês que, quando descobriu a América, tinha apenas alguma prática com navios negreiros, mas muita intuição. Foi uma viagem difícil, com caravelas deficientes e 90 marujos de antecedentes duvidosos. Sabe-se que ele foi amplamente

influenciado pelas obras de Roger Bacon.
- *Leonardo da Vinci (1452-1514)* – Pintor, escultor, engenheiro, arquiteto, cientista e inventor italiano, foi considerado "O Mensageiro da Luz", em razão de suas pinturas espelharem dimensão e profundidade próprias de uma mente superior dentro do rol de gênios a que fazia parte. Tão dotado para a investigação científica quanto para as artes, tão apaixonado pela pesquisa intelectual quanto observador dos fenômenos naturais, seus inúmeros cadernos de desenhos são associados a textos que alternam precisão e força visionária (*Larousse*).
- *Francis Bacon (1561-1626)* – Filósofo inglês, estadista e ensaísta, aos 23 anos já era membro do Parlamento. Suas obras são de cunho jurídico e filosófico-científico. Delas, a mais conhecida é *Ensaios*, considerada de grande sabedoria. Seu método de ensino de

fenômenos era indutivo. Ele reativou as escolas iniciáticas e foi considerado pioneiro imortal no campo científico. Por todo o seu trabalho ser em prol da Humanidade, recebeu o título de Visconde de Santo Albano.

- *William Shakespeare (1564-1616)* – O maior dramaturgo e poeta inglês, famoso por sua obra, mas de cuja vida pouco se sabe. Os escassos documentos de sua biografia não merecem muito crédito. Suas obras, porém, falam por si; nelas se transcende a ideia da salvação e da busca da perfeição, o que parece confirmar sua vinculação esotérica, tanto que elas são representadas constantemente, sendo motivo de glória para qualquer ator. Há uma corrente que atribui a autoria das obras de Shakespeare a Francis Bacon, mas nada se pode afirmar. Quem sabe? Na verdade, o que se percebe claramente é a cumplicidade e as "coincidências" entre todas as encarnações e a evolução de Saint Germain até alcançar a Ascensão.

A Ascensão do Mestre Saint Germain ocorreu no ano de 1684. Desde então, e até o ano de 1786, ele passou a preparar-se para ser Chohan (Autoridade Cósmica regente) do Sétimo Raio Cósmico. Então, naquele ano, ele recebeu o cargo de Chohan, que lhe foi transmitido por Mãe Kwan-Yin, assim como recebeu a responsabilidade da transmissão da poderosa Chama Violeta. E sua dedicação e amor foram tão grandes, que, em 1954, foi-lhe confiado o cargo de Diretor Cósmico para reger o Planeta nos próximos dois mil anos: a Era de Aquário.

O Sétimo Raio Cósmico, do qual o Bem-Amado Mestre Saint Germain é regente, é encarregado de trazer a Liberdade no presente ciclo para o homem, o anjo e o elemental. É a libertação do espírito, das emoções, do corpo físico, da lei de causa e efeito, ou seja, é o raio da purificação dos quatro corpos inferiores (físico, mental, emocional e espiritual) e a transmutação de todos os carmas negativos na preparação da Ascensão de todos os seres. Esta causa maior é representada pelo seu símbolo ou modelo eletrônico, que é a Cruz de Malta, que atrai as irradiações do Fogo Sagrado (Espírito Santo) ancorado no Planeta Terra para a transmutação de todos os carmas negativos da humanidade por meio da poderosa Chama Violeta, que é uma forte corrente de energia que dissolve as imperfeições e as transforma em energias qualificadas e recarregadas de luz, amor, compaixão e misericórdia, afastando, assim, as causas negativas criadas pela mente e pela ação dos homens.

O Retorno de Kalki

Uma nova energia em 2014 – A vitória da Luz sobre as Trevas

No dia 27 de fevereiro de 2014 ocorreu o Maha Shivaratri.

Maha Shivaratri, ou A Grande Noite de Shiva, é a noite de adoração ao Senhor Shiva, que acontece da 13ª para a 14ª noite de lua nova do mês de Phalguna, que, em 2014, foi do dia 27 para 28 de fevereiro.

Para os Siddhas (uma categoria de mestre iniciático hindu), no Maha Shivaratri deste ano, Kalki, uma das emanações de Krishna, retornou à Mãe Terra, pondo fim à Era das Trevas (Kali Yuga), iniciada à meia-noite do dia 23 de janeiro de 3012 a.C., e iniciando a Era Satya Yuga, em que a mentira e o mal não são conhecidos e a Luz retorna com todo seu Poder, derrotando as Trevas.

Os ensinamentos da Grande Fraternidade Branca nos dizem a mesma coisa, destacando que Kalki retornou à Terra em pontos geográficos diferentes, e que no dia 27 de fevereiro de 2014, especificamente, um grande Raio de Luz foi ativado em Mount Shasta – o foco de Luz do Bem-Amado Mestre Saint Germain para a Terra –, para fortalecer o Poder da Chama Violeta em ação. Assim, podemos dizer que Kalki é uma das emanações do Mestre Saint Germain em seu foco de Luz para a Terra, que nos chega por intermédio de Mount Shasta, na Califórnia.

Um dos mantras de Kalki é

OM NAMASHIVAYA

Este é um mantra que ajuda a trazer consciência de abundância, habilidade de operar Milagres e iluminação do corpo físico, qualidades que todos os seres em todos os reinos presentemente encarnados poderão desenvolver a partir de agora.

Agora que sabemos o que representa Kalki e o seu retorno, vamos dar as boas-vindas a essa nova energia, que chega nas bênçãos do Mestre Saint Germain, Ser responsável pela Era de Aquário – a Nova Idade de Ouro na Mãe Terra nos próximos dois mil anos, fazendo a Oração a Kalki:

*Que Lorde Kalki,
cuja complexidade simboliza o Portal
que atravessa uma nuvem de chuva bem escura;
cujo cavalo viaja mais rápido que o vento;
que protege os justos com Sua espada;
que estabelece a Satya Yuga após
derrotar Kali, a deusa das Trevas,
que Seu Poder nos cubra de Bênçãos
com Novas Cocriações.*

Para entender melhor

Kalki significa "eternidade" e "futuro", e Satya Yuga, segundo os hindus, é a era em que a mentira e o mal não são conhecidos, na qual apenas a bondade e a virtude prevalecem. Esta Era dura 4.800 anos.

No final da Era Kali Yuga, Hari, o Lorde Supremo, reencarna como Lorde Kalki – aquele que vê o passado, o presente e o futuro.

Cinco mil anos atrás, Sri Krishna Vyasa, uma encarnação poderosa de Lorde Krishna, surgiu na terra sagrada de Bharatavarsa e percebeu que as quatro eras, ou yugas, progrediam e que o poder verdadeiro dos seres humanos diminuía em razão do excesso de poder manipulativo, do abuso de poder e da recusa da Humanidade em usar o Poder Crístico que tudo abrange por meio da criatividade e do respeito.

Agora, em Satya Yuga, é chegado o momento de resgatar o Poder Crístico individual e de cada ser encarnado assumir a responsabilidade perante suas escolhas a cada dia.

Conta-se que Lorde Krishna dividiu o *Veda* (o livro sagrado dos hindus) entre seus quatro principais discípulos, e estes, por sua vez, dividiram novamente o *Veda* em muitas partes, disseminando seus conhecimentos pelo mundo afora.

As profecias dos Puranas indicam que Kali Yuga se encerrará com o advento de Kalki (uma das emanações de Vishnu, o Deus da Criação), o avatar que virá destruir o demônio Kali. Então, vai iniciar uma Nova Era de Ouro, ou Satya Yuga, quando a Terra será governada pelos brâmanes e habitada somente por homens justos.

Vivemos um momento único e histórico na civilização humana, pois em 27 de fevereiro de 2014 iniciou-se a Nova Idade de Ouro na Mãe Terra, regida pelo Mestre Saint Germain e uma de Suas emanações: Kalki.

A Chama Violeta

A Chama Violeta é o instrumento utilizado pelo Mestre Saint Germain; é uma forte e poderosa chama que TRANSMUTA tudo em nós e à nossa volta que não seja Paz, Amor e Harmonia.

Violeta é a cor máxima da espiritualidade e a frequência máxima de vibração, e a Chama Violeta é o Fogo Purificador, a Chama da Transmutação.

Exercício para a transmutação de energia

O Mestre Saint Germain, Ser responsável pelo planeta Terra nos próximos dois mil anos (já estamos sob a Sua responsabilidade desde

A Chama Violeta

maio de 1954), legou-nos um precioso exercício para a transmutação energética.

Partindo do princípio de que cada um de nós corresponde a uma frequência, a uma cor e, por conseguinte, a um som, Saint Germain, com Seu próprio esforço e conhecimento, desenvolveu, durante anos e anos, este exercício que agora nos oferece:

> *Diariamente, mentalize uma brilhante Chama Violeta na forma de espiral envolvendo todo o seu corpo físico. Faça essa chama em espiral girar bem rápido em torno de você, para promover uma maior aceleração dos elétrons. A espiral precisa girar em sentido anti-horário, circundando todo o seu corpo físico, a fim de purificar os seus demais corpos e, com isso, transmutar, ou seja, transformar em Luz tudo o que não seja Paz, Pureza, Harmonia, Verdade, Liberdade e Amor.*

(A realização constante deste exercício revela resultados após uma semana.)

Convém lembrar que, ao todo, temos sete corpos, e que o corpo físico é apenas o veículo de todos eles. Esses sete corpos são:

- causal;
- astral;
- etérico ou das recordações;
- emocional;
- mental inferior;
- mental superior;
- espiritual.

É aconselhável envolver o seu lar e as pessoas a quem você ama em Luz Violeta, principalmente aquelas cuja relação seja ou esteja mais tumultuada, a fim de transmitir-lhe Paz e bem-estar. Também, neste caso, a realização regular do exercício faz que diferenças benéficas sejam sentidas por todos rapidamente.

A Paz é um estado de espírito, ou seja, é a manifestação de nosso Eu Interno, e adquiri-la, assim como mantê-la, dá trabalho.

Uma vez que ao captarmos energia temos a capacidade de transformá-la naquilo que quisermos que seja, é importante cuidar para que, no momento da captação da energia, estejamos tranquilos e em paz. Música clássica e alguns sons mântricos podem ajudar bastante a obter esse estado de tranquilidade.

Exercício da Chama Violeta

Fixe seus olhos na Chama Violeta.
Visualize o seu corpo dentro dela.
Sinta a Chama Violeta penetrando em seu corpo e expandindo-se, expandindo-se, expandindo-se cada vez mais, e, nessa expansão, transmutando e purificando tudo o que não seja paz, equilíbrio, bem-estar, amor e harmonia.
(O exercício pode ser feito substituindo-se as palavras sublinhadas pelo que você quiser transmutar, por exemplo: sua casa, seus parentes, uma situação desconfortável.)

Exercícios rápidos com a Chama Violeta para transmutar qualquer situação

- Visualize uma plataforma de Luz Violeta sob seus pés. Respire profundamente várias vezes, sentindo que essa luz penetra lentamente pelas suas pernas, pelo tronco, pelos braços e pela cabeça e se expande além dos limites do seu corpo.

- Visualize uma espiral de Luz Violeta à sua frente. Essa espiral de luz gira, gira, gira cada vez mais forte em sentido anti-horário. Mentalmente, dê um passo e entre nessa espiral, que rapidamente transmutará suas energias mal qualificadas.
- Concentre-se em seu coração físico. Sinta seu pulsar. Imagine, agora, que o seu coração se transforma em um sol violeta que irradia raios para todos os lados. Permita que o seu sol violeta se expanda, se expanda, se expanda cada vez mais, tornando-se maior que seu corpo físico, e deixe que seus raios penetrem nas pessoas ou nos locais que necessitam de um maior equilíbrio.
- Inspire e expire profundamente várias vezes de olhos fechados. A cada inspi-

ração, imagine que seus olhos vão se preenchendo de Luz Violeta. Então, abra os olhos e irradie essa luz para o local de seu corpo que estiver desarmonizado, para alguém que estiver precisando, para algum local específico ou, simplesmente, para o Planeta Terra.

- Feche os olhos. Inspire e expire com tranquilidade. Abra suas mãos, com as palmas voltadas para cima, e capte as energias da Chama Violeta vindas da Sétima Esfera de Luz. Assim que sentir que suas mãos captaram as energias, permaneça com a mão esquerda na mesma posição, isto é, captando energia, e, com a mão direita, transmita-a ao local ou à pessoa que estiver precisando dela.

Em exercícios de captação de energia, é importante lembrar que captamos energia com o lado esquerdo e a doamos com o lado direito.

- Visualize um aposento com a porta fechada. Inspire e expire com tranquilidade. Então, abra a porta e, com os olhos da mente, veja o interior do aposento repleto de Luz Violeta. Entre, caminhe pelo local e depois saia, fechando a porta.
- Ao tomar banho, feche os olhos e imagine que a água é Luz Violeta, e que esta, ao tocar seu corpo, purifica-o interna e externamente.

Exercício com a Chama Violeta para a concretização de ideais

O ciclo básico desse exercício tem a duração de quatro semanas consecutivas, sendo fechado em uma quinta semana e continuado por tempo indeterminado, como será explicado a seguir. Ele pode ser feito em qualquer dia da semana, mas é sugerido o sábado, por ser quando as irradiações da Sétima Esfera de Luz são mais atuantes.

A Chama Violeta 53

- ***Primeira semana.*** Exercite a concentração em cada atividade, escolhendo um momento do dia para voltar sua atenção exclusivamente para o que estiver fazendo naquele momento. Então, visualize a Chama Violeta da Transmutação envolvendo-o em espiral, bem como a todos os que convivem com você. Repita esse exercício nos demais dias da semana.
- ***Segunda semana.*** Visualize uma grande tela branca de cinema à sua frente e projete nela o que quiser edificar. Do seu coração, projete três raios de Luz – Azul, Dourado e Rosa (a Chama Trina, réplica da Divindade em nós) – que envolvem cada projeção na tela mental. Então, respire e absorva essas visualizações em seu corpo. Repita esse exercício nos demais dias da semana.
- ***Terceira semana.*** Visualize um tubo de Luz Branca à sua frente e dê um passo, "entrando" nele. Concentre-se e perceba sua energia. Repita esse exercício nos demais dias da semana.

- ***Quarta semana.*** Visualize uma Cruz de Malta acima de sua cabeça, para que as irradiações da união das energias telúricas e cósmicas possam atrair as oportunidades necessárias para a concretização de seus ideais. Repita esse exercício nos demais dias da semana.
- ***Quinta semana.*** Para finalizar, e após ter feito todos os passos anteriores, visualize, saindo do centro do Universo, uma grande espiral com as cores Violeta e Dourada entrelaçadas. Veja essa espiral descendo do centro do Universo e envolvendo-o. Faça este exercício todos os dias, por tempo indeterminado, após ter completado o ciclo descrito. Seu coração dirá o momento de parar, se este for o caso.

Convém lembrar que o Plano Espiritual não é mágico. Somente com persistência, concentração, ritmo e disciplina, e ancorados na FÉ INABALÁVEL, poderemos concretizar nossos objetivos e ideais. As ferramentas nos foram dadas. Agora, temos de ACREDITAR EM NOSSO POTENCIAL INTERNO e, com humildade, nos abrirmos às oportunidades oferecidas por Deus Pai e Mãe.

> *ATENÇÃO: É bom lembrar que, todas as vezes que tentarmos interferir no livre-arbítrio de alguém, **não estaremos atingindo nossos objetivos**, e caberá a nós a responsabilidade por essa ação, pois existe uma Lei Universal de respeito à decisão e à escolha de cada ser.*

Ritual da Chama Violeta

Para esse ritual, você precisará de uma vela cor violeta e duas ametistas.

- Inicie, acendendo a vela e oferecendo sua chama:
    - ao Mestre Saint Germain, o Chohan do Sétimo Raio Cósmico;
    - à Mestra Pórtia, Deusa da Justiça e da Oportunidade, Membro da Tribuna Cármica e Complemento Divino de Mestre Saint Germain;

- – aos Arcanjos Ezequiel e Santa Ametista;
- – aos Elohins Arcturus e Diana;
- – e aos demais componentes da Sétima Esfera de Luz.
- Em seguida, segure uma ametista em cada mão, mantendo-as abertas, com as palmas voltadas para cima, e então feche os olhos, inspirando e expirando várias vezes.
- Agora, visualize um grande caudal de Luz Violeta que desce do centro do Universo e penetra e intensifica as vibrações contidas nas ametistas.
- Gire algumas vezes, de forma que as pedras irradiem suas propriedades para todos os lados, preenchendo de Luz Violeta todo o ambiente no qual você se encontra. Permita que essa Luz atinja seu lar, seu local de trabalho ou algum lugar por você determinado, até preencher todo o Planeta Terra em suas camadas interiores e na sua camada exterior.

- Em seguida, peça bênçãos e irradiações de Luz para toda a Humanidade e para os reinos animal, mineral e vegetal, e agradeça, com uma oração a Saint Germain.

Oração ao Bem-Amado Mestre Saint Germain

Em nome do EU SOU e com eterna gratidão à vida, reconheço o Vosso Amor, a Vossa Dedicação e a Vossa árdua tarefa de orientar-me e conduzir-me à condição de Mestre pleiteada por Vós ao Plano Divino.

Pela Liberdade eterna que me ofereceis e pela Vossa intercessão, declaro:

Eu sou o que eu sou.
Eu sou vós em ação.
Eu exalo a vossa presença
aonde quer que eu vá.

Eu sou o que eu sou.
Eu sou vós em ação.
Eu transmito a Luz Violeta
a tudo o que toco.

Eu sou o que eu sou.
Eu sou vós em ação.
Eu transmuto toda imperfeição
onde não haja a vossa luz.

Eu sou o que eu sou.
Eu sou vós em ação,
pois morais em meu coração
e em vosso coração eu vivo,
porque eu sou o eu sou!

Bem-Amado Mestre Saint Germain, que o Vosso Manto de Luz Violeta de radiante energia abençoe todos os Vossos discípulos com a manifestação da Luz do reservatório infinito do Universo, para que todos, juntos, possamos celebrar Vossa Vitória maior de ver cada filho seu Ascensionar na Liberdade Eterna e, assim, cumprir o Plano Divino na confraternização entre todos os reinos, realizando o Plano Divino da Paz, da Harmonia e do Amor, hoje e por toda a eternidade.

Eu Vos amo!

A Cruz de Malta

A Cruz de Malta é o símbolo do Mestre Saint Germain; uma cruz utilizada no século passado em muitos brasões de famílias reais na Europa, como Portugal, França, Inglaterra (nas coroas das rainhas inglesas) e em muitos outros países.

Essa cruz tem uma simbologia especial:
- A viga vertical indica Ascensão às esferas espirituais, atraindo a força do Fogo Sagrado para a salvação do planeta e de seu povo.

- A viga horizontal representa a união dos reinos dos anjos e dos elementais com a evolução humana, em perfeita harmonia.

Ela foi projetada pelo Mestre exatamente para manter o Equilíbrio, a Liberdade, a Misericórdia e a Transmutação sobre toda a energia mal qualificada.

Trata-se de um símbolo do perfeito equilíbrio da Chama de Deus, que fornece uma matriz energética e de pensamento por meio da qual os efeitos nocivos do carma planetário e pessoal podem ser mantidos sob controle e ser transmutados.

É pela viga superior da Cruz de Malta que a energia proveniente de Deus flui, estreita-se e distribui-se circularmente para os triângulos inferiores, manifestando-se na forma de Poder, Sabedoria e Amor.

Exercício da Cruz de Malta

- Sente-se, confortavelmente, respire Luz Dourada, sinta que você é Luz.

- Inspire e expire, sentindo a energia leve da Luz Dourada, que ocupa todos os espaços de seu corpo.
- Visualize uma grande Cruz de Malta na Chama Violeta sob a planta de seus dois pés, em seu chacra cardíaco, uma Cruz de Malta na Chama Violeta e em seu chacra coronário.
- Sinta, nesses três pontos, a Cruz de Malta pulsar e vibrar em total harmonia com o Universo.
- Agora, sinta esses três pontos expandindo-se, expandindo-se, expandindo-se cada vez mais, envolvendo sua casa, sua cidade, o país e todo o Planeta Terra.
- Visualize, à sua frente, sete portais da Chama Violeta que se abrem e você passa por todos eles, trazendo mais luz para sua vida.
- Respire de forma profunda e tranquila, e repita mentalmente: EU SOU LUZ, EU SOU PAZ.

Exercício de Cocriação por Mestre Saint Germain

Amados filhos,

Que na chama de vossa Energia Crística, possais ser a expressão viva da Bem-aventurança, para que todos os reinos rapidamente possam sustentar as energias máximas de um novo tempo, no qual, pelo processo da cocriação, todos deverão brindar à alegria, ao amor incondicional e à misericórdia.

Que nesses momentos únicos de mudanças, possais observar vosso organismo biológico, e possais ingerir o elemento água e observar vossa alimentação, para que, na chama da vossa decisão, possais vos aperfeiçoar e estar cada vez mais centrados na força do vosso livre-arbítrio, para que, por intermédio do amor incondicional, todos os reinos realinhem a paz plena e possam, assim, reencontrar a sintonia de um novo tempo na Glória e no Poder Maior de Deus Pai-Mãe Eu Sou em Ação.

Visualizeis à vossa frente o Planeta Terra na Chama Verde da cura, Dourada de uma nova consciência, Violeta da transmutação e Branca da Paz, para que todos os seres em todos os reinos e dimensões vibrem convosco por meio de uma nova aurora. Que possais, através de vossa própria sintonia com o vosso coração de luz, manifestar a bem-aventurança de um único tempo, em que todas as consciências deverão reverberar a unidade da vitória pela paz plena na maestria individual e coletiva, assim acionando o poder maior da maestria e da ascensão individual e coletiva.

Que possais fazer valer os vossos valores internos e buscar, por meio do amor incondicional, a vossa própria liberdade. Assim, estareis cada vez mais libertos do passado e centrados na chama do presente, o eterno agora que sinaliza para vós tudo aquilo que tendes à disposição, a fim de que, por meio da bem-aventurança, possais expressar o chamado máximo da própria consciência e brindar à vitória e à energia maior da harmonia, em que todos os reinos continuarão cumprindo sua evolução por meio do amor alquímico na transformação de todos os cálices, manifestando assim a beleza, a arte, a ressurreição e a alquimia da vida por intermédio da felicidade e abundância plena.

Amados filhos, que, através dos vossos corpos de luz, possais continuar enaltecendo o chamado da vossa própria consciência, e, na sabedoria de todos os ideais, possais continuar renovando vossas energias por meio do reequilíbrio crístico, a fim de que todos, com sabedoria, preencham seus cálices e possam brindar uma nova aurora na energia da paz e da vitória, na irradiação crística, que é a sintonia de um novo tempo.

Visualizei, acima de vossos lares, uma grande cruz de malta que se expande, se expande, se expande cada vez mais, envolvendo toda a Humanidade.

Que, a partir da Sétima Esfera de Luz, todos os reinos reverenciem o poder e possam aprender a atrair a energia máxima do poder individualizado, para que todos possam continuar se coadunando com as irradiações máximas da perfeição.

Neste momento, ensinarei um exercício para que possais atrair a energia máxima da abundância plena em vossa vida.

Visualizeis, acima de vossa cabeça, um grande sol dourado que se expande, se expande, se expande cada vez mais, envolvendo a vossa mente consciente, a energia do vosso coração físico e a energia do vosso pé.

Cabeça, coração e pé. A energia desses três pontos se coadunam com as forças máximas do plano tridimensional formado pela cabeça, pelo coração e pelo pé.

Visualizeis, em vossa cabeça, vosso coração e vosso pé aquilo que quereis manifestar: vossa liberdade financeira, saúde e plenitude, o poder da autocura.

Que possais perceber que vosso organismo biológico está centrado em três direções: cabeça, coração e pé.

Essa é a simbologia máxima de vossa sintonia com uma nova atitude. Que possais continuar ancorando vossas energias, vossos pensamentos e, assim, manifestando a compaixão, a fim de que todos os reinos busquem, por meio de uma nova consciência motriz, a chama do eterno agora.

Observeis vossa cabeça, vosso coração e vosso pé nos próximos sete dias, e vereis que tudo aquilo que quereis manifestar estará à vossa disposição, pois aquele que sintoniza o poder através da luz do espírito reencontra a chama da verdade, e aquele que enaltece o coração de luz pela força que reverbera na verdade crística, qualifica o poder da luz maior da própria alma.

Este é o momento único da transição que trará à humanidade a oportunidade de dignidade, de amor incondicional e de felicidade plena, para que todos os reinos se reorganizem e possam, por meio de uma nova egrégora, brindar a energia motriz de um novo tempo na Luz Maior do Amor Incondicional e da liberdade plena.

Que possais observar vossa cabeça, vosso coração e vosso pé, e, nesses pontos, colocar tudo aquilo que quereis manifestar: vossa abundância, vossa plenitude, vossa liberdade, vosso emprego, vossa casa e vosso lar pleno, por intermédio da alegria e da saúde da vossa própria energia de ressurreição.

Que possais fazer isso e vereis que aquele que coloca atenção no ponto certo manifesta o que quer manifestar. Tudo na vida é simbologia do Amor e força de concentração única do pensamento, que revigora todas as energias do Altíssimo Poder de Deus, a fim de que cada ser encarnado possa reassumir o poder de cocriador, manifestando, assim, a revelação à vida na energia que neste momento traz a luz do Deus do Amor, manifestando a vossa vitória e verdade na força da vossa própria plenitude.

Que possais ousar, e alimentareis os vossos pensamentos na luz do eterno. Assim, na liberdade, sereis cada vez mais livres, para que possais continuar manifestando a vossa própria felicidade individual e coletiva.

Em nome de todos os Membros da Fraternidade Branca Universal, derramamos bênçãos de Amor, Paz e Harmonia, e que possais ser a expressão viva da vossa bem-aventurança da Luz do eterno, no momento sagrado de cada instante de vossa evolução.

Amor & Luz,
Eu Sou Saint Germain.

Os Sete Portais
da Chama Violeta

Amados filhos,
O Poder da Chama Violeta traz à tona a Manifestação. Invocando sua atuação todos os dias, vereis surgir novas realidades a cada instante. Um Sacerdote da Chama Violeta é responsável por vivenciar aquilo em que acredita todos os dias, servindo como exemplo a todas as formas de criação viventes na Mãe Terra.

Que possais aceitar a Consagração para SER um Sacerdote da Luz, atuando a cada dia, em todos os vossos afazeres, alicerçados por vosso Poder verdadeiro, tocando a chama do discernimento e ascendendo a totalidade de equilíbrio em vossa vida; assim, vereis ressurgir um novo Céu e uma nova Terra, uma nova realidade vivente que conclama todos os Seres encarnados a ouvir o despertar da Chama da

Luz Intuitiva, que desperta o âmago da alma de cada um e, assim, reflete novas realidades.

É chegado o momento de assumir compromisso com vossa Presença EU SOU. Vivenciando somente a Perfeição, e próximos à Consciência da Cocriação, atraireis somente as Bênçãos Sagradas de Deus Pai-Mãe neste momento de escolhas e retomadas de consciência que precipitarão uma Nova Idade de Ouro em vossa Mãe Terra.

Que possais exercitar as qualidades Divinas que relacionarei a seguir. Os degraus da precipitação deverão ser utilizados durante sete dias consecutivos, a fim de ancorar as virtudes que trazem a Unidade a partir do foco da escolha individualizada.

As qualidades a serem ancoradas são:

1. Disciplina e organização;
2. Concentração;
3. Ordem e ritmo;
4. Transmutação;
5. Magnetização (poder de atrair);
6. Manifestação;
7. Liberdade (mental e de apegos) para SER A TOTALIDADE DO QUE SE É.

Ao vivenciar novas escolhas a cada dia, estareis mais próximos de vosso coração e de vossa mente, criando novas realidades e ancorando a chama da Bem-aventurança a cada instante de vossa evolução.

Em nome, no Poder e na Bênção de todos os Seres da Sétima Esfera de Luz, e no Poder a Mim conferido, consagro vossa Presença EU SOU, vossas mãos e vossos pés para que possais abençoar e trilhar os novos caminhos sagrados que, a partir de agora, emolduram uma nova escolha individualizada a cada momento de vossa evolução.

Abraçai este momento único como se fosse a alavanca-mestra deste novo tempo de percepções verdadeiras e, então, estareis mais dispostos a magnetizar e a precipitar novas realidades e a atingir a Chama da Unidade em vosso coração, vosso corpo e vossa mente, criando assim uma nova Vida a cada amanhecer.

Amor e Luz,
Eu Sou Saint Germain.

A Chama do Fogo Violeta é a transcendência, a frequência máxima da espiritualidade. É uma corrente de vibrações cujas propriedades captam e dissolvem energias imperfeitas, a fim de que elas possam ser recarregadas novamente com a Perfeição.

Esse fogo purificador e emanado do Sétimo Raio Cósmico está presente em nossa vida para que possamos ter a oportunidade de transformar as impurezas de nossos corpos físico, mental, emocional e espiritual e transmutá-los em Luz, Amor e Paz, a fim de que seja alcançada a Liberdade, a Ascensão e, consequentemente, o Amor Universal.

Cabe lembrar que, por ter sido uma Chama de acesso restrito em épocas passadas, muitas pessoas desconhecem que o Fogo Violeta pode e deve ser visualizado e sentido abundantemente por todos, para si mesmo, para outras pessoas, para os nossos lares e, principalmente, em situações adversas, a fim de que estas, rapidamente, se convertam em Paz, Pureza, Verdade e Amor.

O objetivo de Mestre Saint Germain, dirigente do Sétimo Raio Cósmico, é que toda a humanidade, nestes momentos de grandes transições, precipite seu *momentum*, isto é, seu acúmulo de energias positivas, e alcance a Ascensão e a Maestria em total harmonia com os Reinos animal, vegetal e mineral.

Que, com estes ensinamentos, cada um possa, por meio de seu livre-arbítrio, discernir e vivenciar sua evolução de modo que, juntos, possamos vivenciar a nova Idade de Ouro na Mãe Terra agora.

Palavras do Mestre Saint Germain:

Os Sete Portais deverão ser absorvidos pela percepção extrassensorial, por meio da irradiação e da respiração.

Todos os poderes agora direcionados à Terra estão no alento Divino do Fogo Sagrado do Espírito Santo, no poder da respiração, através do qual, por meio da introspecção e da energia, todos os seres o absorverão e perceberão, primeiro, a forma; depois, o vínculo que manifesta o significado de cada um desses Portais que conduzirá à Liberdade Interna, pois não é preciso uma análise convencional do Plano Espiritual nem são necessários prerrequisitos para que se possa perceber que os valores do Plano Espiritual são outros.

Portanto, nestes momentos de transição, que possais atrair vossas energias e a de todos aqueles que vos cercam, pela respiração consciente. Então começareis a perceber com mais atenção a respiração em vosso corpo, manifestando ideais em vossa vida preenchidas em Luz.

Amor e Luz,
Eu Sou Saint Germain.

Primeiro Portal – Disciplina e Organização

O corpo físico, templo da alma, é o primeiro que deve obedecer a uma disciplina, porque, quando em desordem energética, fica propenso a disfunções manifestadas por meio de doenças. Um dos requisitos necessários para transpormos esse Primeiro Portal é saber perdoar, mas perdoar com todos os sentidos, pois quem se ofende é a personalidade. As mágoas, os ressentimentos, os rancores e as frustrações são ricos alimentos para o ego. Aquele que está concentrado na perfeição do Eu Sou nunca é ofendido, agredido ou humilhado.

Disciplina e Organização são necessárias para a correta Concentração (Segundo Portal).

Sugestões para a travessia do primeiro portal

1. Tenha disciplina alimentar.
2. Tenha disciplina nos horários de dormir e de acordar.
3. Tenha disciplina de pensamentos.
4. Tenha disciplina nas ações, pois estas harmonizarão as reações.
5. Organize o tempo, a fim de que ele seja o suficiente para as obrigações, lazer e introspecção.
6. Organize o lar, dando prioridade à localização das coisas de que mais necessitamos, para evitar que, ao se procurar algo, seja preciso tirar tudo da frente para conseguir encontrar. Isso repercute na disciplina e na

organização internas, ou seja, de sentimentos, emoções e pensamentos.
7. Substitua alguns vícios mentais – frases como: "Não tenho tempo para nada", "Eu nunca consigo encontrar nada" ou "Eu não tenho senso de direção" –, por frases positivas, como: "O meu dia transcorre em paz, porque a minha vida transcorre organizada" ou "Na minha casa tudo é funcional e organizado, porque sei disciplinar meus pensamentos e minhas ações".

Segundo Portal – Concentração

Ninguém pode concentrar-se na concretização de algum objetivo sem dedicação ou dispersando energia com falsos conceitos e pseudoverdades que habitam a mente, advindos do mundo tridimensional.

A eficiência da Concentração aplicada em qualquer objetivo traduz-se na perfeição dos resultados obtidos, sanando obstáculos existentes no decorrer do seu seguimento.

O Poder da Concentração é necessário para o bom desenvolvimento da Ordem e do Ritmo (Terceiro Portal).

Sugestões para a travessia do segundo portal

1. Persista com paciência; isso é vital para se atingir um objetivo;
2. Nunca coloque dúvidas ou sugestões que possam modificar o modelo original do objetivo;
3. Dedique-se, pois Dedicação é sinônimo de Perseverança com Amor;
4. A música das esferas é forte aliada da Concentração;
5. Silencie a mente;
6. Disponha de um período, por menor que seja, todos os dias, no mesmo horário, para concentrar-se em algum objetivo;
7. Visualize seu objetivo "pronto" e concentre-se nessa imagem.

Terceiro Portal – Ordem e Ritmo

Para tudo há um ciclo de nascimento e crescimento: fases da lua, marés, estações do ano. No processo de conscientização, à medida que são seguidos os ritmos naturais, surgem situações novas; portanto, paciência é uma virtude a ser galgada para se criar uma Ordem precisa e um Ritmo coordenado. Jamais um discípulo atingirá a Sabedoria de seu Mestre sem percorrer os caminhos de sua própria experiência e vivência, que só serão alcançadas se a ordem natural de sua evolução for obedecida, ainda que esta possa ser acelerada, mas sem pressa. Ansiedade e desânimo retardam o processo de estabilidade emocional e mental, essenciais para que a Transmutação (Quarto Portal) atue, transformando energias e fatos.

Sugestões para a travessia do terceiro portal

1. Ponha ordem em seus pensamentos e tenha ideias concisas;

2. Desenvolva o discernimento para estabelecer uma "Ordem" de prioridade às execuções;
3. Mantenha a tranquilidade para preservar a perseverança;
4. Sustentar o "Ritmo" que se mantém qualitativamente e não quantitativamente;
5. Faça apelos, orações e meditações, diariamente, no mesmo horário, pois tais práticas são realizações do Ritmo;
6. Nunca se entedie com a contínua repetição, pois ela faz parte do Ritmo. Obedecer a essa Ordem natural fortalece a concretização de qualquer objetivo;
7. Proteja com a virtude da Paz (Chama Branca) a Ordem e o Ritmo do que se estiver desenvolvendo e sele com a Perfeição Cósmica.

Quarto Portal – Transmutação

Ao contrário do Amor, que une, a Misericórdia afasta, limpa e purifica. Mestre Jesus

Sananda, quando encarnado, curava (tirava o mal) por Misericórdia. A força e a irradiação da Chama da Transmutação atuam como energia de dissolução daquilo que a Misericórdia limpou e purificou, para, imediatamente, transformá-lo em Luz, Equilíbrio e Perfeição. Esta é a verdadeira Alquimia: manipular com Sabedoria as imperfeições, para, depois, convertê-las em campos de força.

Ao atravessar os Portais da Transmutação, todos os carmas negativos do presente, do passado e do futuro são dissolvidos e transformados em Luz e perfeição.

Transmutada as imperfeições, o discípulo, então, se prepara para a captação das novas energias presentes no Quinto Portal (Magnetização), que são energias cósmicas idênticas às dos Templos de Luz dos Mestres Ascensionados.

Sugestões para a travessia do quarto portal

1. Ao acordar, visualize-se dentro da Chama Violeta. Repita a visualização

antes de iniciar suas atividades normais, ou antes de sair de casa;
2. Durante o dia, por diversas vezes, visualize-se dentro da Chama Violeta;
3. Fora de casa, visualize seu lar repleto de Luz Violeta;
4. Ao lembrar-se de alguém, visualize-o dentro de um tubo de Luz Violeta;
5. Visualize uma reta de Luz Violeta no caminho a ser tomado (ruas, estrada, local de destino);
6. Visualize o Planeta Terra totalmente preenchido com o Fogo Purificador e Sagrado da Chama Violeta;
7. Ao deitar-se, visualize-se dentro da Chama Violeta, para que sejam transmutadas em Luz as imperfeições que foram geradas durante o dia.

Quinto Portal – Magnetização

Devidamente equilibrado, harmonizado e consciente da sua essência divina, você está preparado para Magnetizar (atrair, imantar) as mais puras frequências vibratórias de Luz.

Na senda cósmica, o discípulo amplia suas percepções aos mundos paralelos de outras dimensões, magnetizando as energias cósmicas que trazem as irradiações das Virtudes dos Sete Raios Cósmicos não só para si, mas para toda a humanidade, pois, neste estágio, ele está praticamente liberto de apegos e do ego.

A Magnetização de energias puras e qualificadas é a oportunidade que o Plano Divino oferece a todos para que, por meio do livre-arbítrio, possam alcançar a Manifestação dos ideais almejados (Sexto Portal).

Sugestões para a travessia do quinto portal

1. Magnetize formas-pensamentos que se projetam como símbolos sagrados, como cruz de malta, pirâmides, cálices, estrelas, sol, pomba;
2. Magnetize amizade, amor, compreensão e compaixão, para a cura de todos os relacionamentos;

3. Magnetize a irradiação da Cura na renovação de todas as células, para a saúde plenamente renovada;
4. Magnetize a energia da Prosperidade com pensamentos altruístas, de êxito e de sucesso para si e para todos os que compartilham sua vida;
5. Magnetize a irradiação da felicidade sempre presente em seu lar;
6. Magnetize *momentuns*, forças acumuladas de todas as vidas passadas, que traduzem a verdadeira essência de cada ser;
7. Magnetize as irradiações de sua própria centelha divina para que esta se amplie e se expanda, a fim de que a sua Presença "Eu Sou" assuma o comando geral de sua vida.

Sexto Portal – Manifestação

Assim como um cristal, do qual vemos a forma, as linhas, o prisma, e cuja geometria obedece formas inteligentes e, consequentemente, capta e amplia energias cósmicas, podemos manifestar qualquer massa vibratória em matéria sólida ou, ainda, trazer energias espirituais para o plano físico.

O candidato a atravessar os Sete Portais da Chama Violeta possui a Força Motriz que o impulsiona à manifestação da Paz, da Harmonia e da Fraternidade em qualquer tempo e lugar e, desenvolvendo a sua Consciência Crística, trará com certeza o Nirvana para sua vida. Trazendo os céus para a Terra, a Liberdade (Sétimo Portal) é uma dádiva ofertada pelos Planos Superiores de Luz.

Sugestões para a travessia do sexto portal

1. Visualize seu objetivo em uma tela mental tal qual se apresenta no momento, com todas as eventuais imperfeições. Visualizar essa imagem apenas uma vez;
2. Apague de sua memória a imagem acima, preenchendo todo o cérebro de Luz Branca da Purificação;

3. Visualize novamente a tela mental, agora com a imagem pronta e manifestada;
4. Observe bem essa imagem e vivencie as sensações que ela lhe traz;
5. Visualize ao redor da tela mental uma moldura dourada que se move continuamente no sentido horário (da esquerda para a direita);
6. Desloque a tela mental para cima e à esquerda do seu campo visual;
7. Repita várias vezes esse processo, mas somente a partir do item 3.

Sétimo Portal – Liberdade

Enquanto estivermos seguindo impulsos impostos por valores criados pelo homem no mundo tridimensional, poderemos satisfazer desejos, egos e ilusões. A libertação está intrinsecamente ligada ao cerimonial interno, que se reflete na harmonia de situações cotidianas. É um estado de espírito no qual nada se pleiteia, porque se sente e se vive "o todo". Não se julga ninguém, porque, ao fazê-lo, se estaria julgando a si mesmo.

O ser liberto já superou sua própria personalidade e entende que não mais pertence a uma família, a uma nação ou a uma religião, mas sim ao Universo, e o Universo é parte de si.

Os sete degraus dos sete portais

A Sétima Esfera de Luz precipita-se também em conjunto com o Primeiro Raio Cósmico (Chama Azul da Vontade e do Poder), que traz a força para que o plano evolutivo se manifeste, e com o Terceiro Raio Cósmico (Chama Rosa do Amor Incondicional e da Inteligência Ativa), que auxilia na modulação, na adaptação de novas energias.

Durante a hegemonia da Chama Violeta, prevalecerão a Síntese, a Unidade, o Serviço, o Autorreconhecimento da Presença Divina e a atuação da Consciência Crística de cada um, levando à Consciência Unificada de Deus Pai-Mãe de todos os Universos em expansão na Luz.

Assim o aspirante deverá:

1. Desenvolver a Vontade (Chama Azul do Primeiro Raio), para precipitar a Disciplina e Organização (Primeiro Portal);

2. Desenvolver a união da mente e do coração com a Iluminação (Chama Dourada do Segundo Raio), para a Concentração do propósito maior (Segundo Portal);

3. Desenvolver o Amor à vida e a tudo o que faz (Chama Rosa do Terceiro Raio), virtude indispensável à Ordem e ao Ritmo (Terceiro Portal);

4. Desenvolver a Pureza de intenções (Chama Branca do Quarto Raio), para a Transmutação das desarmonias em Luz (Quarto Portal);

5. Desenvolver e aplicar a sua Verdade interna (Chama Verde do Quinto Raio), para que a Magnetização (Quinto Portal), força operante, atraia as energias que imantarão a realidade da essência cósmica;

6. Desenvolver a Devoção aos Planos Superiores de Luz (Chama Rubi do Sexto Raio), para que a Manifestação (Sexto Portal) se consagre na concretização dos ideais de Luz;

7. Aperfeiçoar-se no Cerimonial Interno (Chama Violeta do Sétimo Raio), na aceleração das vibrações dos elétrons que compõem os átomos dos corpos inferiores, proporcionando-lhes a Liberdade (Sétimo Portal) para, afinal, tornar-se Ascensionado junto aos Mestres.

Mensagens Canalizadas do Mestre Saint Germain

Verdade e alma gêmea

Amados filhos,
É chegado o momento de viver um novo ciclo, na energia dos valores humanos e da família sagrada, que se inicia na irradiação da ruptura com o passado e com os valores ancestrais de sofrimento. Inicia-se o ciclo que ancora a bem-aventurança por meio da Lei da Verdade e do Equilíbrio, do Amor incondicional e da Maestria, na chama da Ascensão.

Que, por meio da luz, possais direcionar vosso coração; por meio da alma, possais buscar vossa misericórdia; e, por intermédio da chama Crística da perfeição, possais evoluir e buscar em vossos relacionamentos a energia de uma nova esperança, em que a Paz Planetária seja uma nova realidade rapidamente.

Em nome, no poder e na bênção de todos os seres da Fraternidade Branca Universal, neste momento, ativamos o raio da Alma Gêmea no inconsciente coletivo da humanidade, a fim de que o amor incondicional se espalhe e possa trazer à humanidade a força que derrama a compaixão, a misericórdia, a força da liberdade em ação e o comprometimento com a força única do amor intrínseco da luz, para que todos os reinos possam fazer valer as leis máximas do companheirismo absoluto na liberdade e no respeito, na força da plenitude e na justiça, na igualdade e no servir.

Que, na celebração à vida a cada dia, possais buscar conforto em vossos corações pelo silêncio mental, e que possais exercitar este momento único de transformações planetárias, em que a humanidade deverá ver o despertar de uma nova decisão individual, o alicerce maior da própria fé, o patamar intrínseco do amor incondicional e da misericórdia, a fim de que todos os reinos possam reerguer o cálice da bem-aventurança e, juntos, possam brindar esta nova aurora através da luz e da paz.

    Devereis preencher vossos corpos mentais em Luz e Esperança, Fé, Amor incondicional e Paz, e assim vencereis obstáculos. A paz se inicia em vosso corpo mental. Quando o corpo mental está preenchido com a Paz, o mundo tridimensional revigora essa energia e manifesta essa mesma Paz. Que possais direcionar vossos pensamentos de Amor incondicional ao inconsciente coletivo da humanidade, a fim de que todos os seres, sem prejulgamentos, redespertem para este novo momento, a Nova Idade de Ouro que se inicia. É o momento do verdadeiro despertar. Todos os seres deverão reconhecer o potencial energético e a energia da própria alma que vos fala, a energia que vos chama a servir, para que todos os reinos vivenciem a energia maior da Luz e da Paz, da serenidade e da força da abundância pela plenitude do servir.

    Não existem leis impostas aos discípulos da Luz. A lei é a verdade, a lei é o livre-arbítrio, é o valor, é o respeito, é a imortalidade. A lei é o poder único de Deus Pai-Mãe na cocriação de todos os universos, para, juntos, cocriarmos a

Idade da Luz nos patamares que, neste momento, sedimentam os pilares que sustentam as forças máximas do Amor e da Paz, que são o equilíbrio e a ressurreição, a vida e a força do servir.

É de vital importância que todos os discípulos da luz, que neste momento vivenciam a transformação, possam cuidar dos padrões mentais, pois o que estiver em vossos padrões mentais será atraído para as realidades individuais por meio das energias da ressonância.

Vossa realidade é o reflexo da energia que emanais em vossos pensamentos e na coerência de vossas ações, da energia de vossos valores e de vossas novas escolhas conscientes, da virtude Crística de vossas almas. Que possais cuidar de vossas mentes e vossos corações e fareis valer as leis máximas de Deus Pai-Mãe, pois, na mente, existe um único poder sobre o reino da luz, que é a força de Deus Pai-Mãe, o grande arquiteto dos universos na lei maior da criação, e esta irradiação é indivisível e inquestionável.

Que possais visualizar o Brasil, berço da Nova Era, transpassado na Chama Verde Cristal, da cura; Dourada, de uma nova consciência; Violeta, da transmutação; e Branca, da Paz. O futuro pertence a vós, encarnados, e a nós, em uníssono, na intervenção divina do poder maior da Luz, pois, todos juntos, criamos o futuro a cada momento, e quanto mais nossas mentes e nossos corações estiverem sincronizados nas energias da fé, maiores serão as transmutações para que todos os reinos, por intermédio do Amor e da Paz, atinjam a vitória na Maestria e na Ascensão. Tempo e espaço só existem no plano tridimensional, a lei do sofrimento não condiz com a lei da perfeição do Espírito Santo nem com a chama maior da criação de Deus, e sim com a força do Ego personalidade e com as energias daqueles que não descobriram a própria luz interna. Que, na força da vossa própria Ascensão, possais não julgar, não comparar e não pensar racionalmente.

    Que possais invocar a Luz, invocar o Amor. Não explicais o Amor, mas ele existe; não explicais a Luz, mas ela existe; não explicais a Fé, mas ela existe. Estas são as verdadeiras armas: Fé, Luz e Amor para que, juntos, por meio da trilogia, possamos atrair a força de uma nova dimensão de pensamento, a cocriação de uma nova Idade do Ouro pelo merecimento tridimensional na

Luz dos patamares máximos do Amor e da Misericórdia, na Paz e na Compaixão eterna.

                            Amor e Luz,
                   Eu Sou Saint Germain.

Amados filhos,

A força de Deus Pai-Mãe traz o poder da cocriação. E a energia da magnitude da cocriação condiz com a força da alma, irradiação que reflete a verdade, a chama motriz da essência, a Energia Crística da mônada que se apresenta neste momento, para que todos os seres sejam responsáveis por suas próprias emanações e forças de vida e possam, assim, iluminar caminhos, apontando diretrizes por meio da Fé. Todos os seres sobre a Terra têm o poder de criar e de realizar. Vós sois catalisadores de uma nova emanação viva. Pelo poder energético, a humanidade hoje é novamente treinada a condicionar seus padrões mentais para que possa redirecionar sua própria essência.

Que possais acreditar em vosso próprio poder, no poder de vossa maestria, no poder de vossa Presença Eu Sou, no poder daquilo que sois em essência: a energia maior de ser semideuses em ação, a qual desperta, para que todos os reinos acompanhem o momento evolucional do Planeta Terra e possam atingir a força motriz da cocriação da maestria e da iluminação.

Visualizeis o Planeta Terra na Chama Verde Cristal, da cura; Dourada, de uma nova consciência; Violeta, da transmutação; e Branca, da Paz, para que todos os seres em todos os reinos e dimensões vibrem convosco em sintonia com uma nova aurora para que, por intermédio da força motriz de uma nova consciência, todos os reinos reorganizem suas vidas nas energias predeterminadas.

Que possais manter a atenção na força do foco da transmutação e na energia do poder da Fé, do poder da Luz, do poder do Altíssimo, de Deus Pai-Mãe, o único poder onipresente e onisciente nos universos, e no poder da fé inabalável do amor incondicional dos corações. Não existe poder maior que o Amor e a Luz.

Que possais, através da Luz que sois, manifestar as irradiações de vosso equilíbrio, a sintonia com o vosso poder e a energia que perpetua sobre a existência do padrão mental, a sintonia maior de uma nova frequência vibracional em que todos os seres deverão alçar voo rumo a um novo milênio na energia que cocria uma nova realidade por meio de uma nova força motriz. Quando mentes se unem em sintonia com o mesmo objetivo, esse objetivo é alcançado. Quando mentes doentias se perdem nas energias de liderança superficial, elas atuam no poder do ego/personalidade e, então, a verdade maior vem à tona, para que todos reencontrem seus próprios caminhos.

Que possais perceber que o futuro ainda não existe. Ele é criado de acordo com as escolhas de todos os seres encarnados na Terra. O plano espiritual atua de acordo com apelos, nas energias da Bem-aventurança e do equilíbrio, na harmonia e na fé, para que todos os seres sejam abençoados com misericórdia e a fim de que possam continuar atraindo e catalisando as forças de renascimento através da Luz maior da maestria e da iluminação.

A irradiação da serenidade mental deverá manter sua própria atividade e poder para que todos fortaleçam a PAZ na matéria. A energia do presente é a força que enaltece o poder de vossa alma, é a energia que subjuga a irradiação passada e que sintoniza, por intermédio da premonição, a força da cocriação de um novo mundo na energia e na lei da precipitação. A lei da precipitação é a lei da manifestação. A arte de criar do nada, a arte de criar por meio do prana, a arte de concretizar por meio da alquimia. Eu, como mestre da alquimia, vos falo que as energias alquímicas sempre estiveram à disposição da humanidade, porém não tão fortes como agora, principalmente na coerência maior de pensamentos que se codificam em Luz na sintonia crística deste novo ciclo.

Que todos possam reorganizar suas vidas e reabilitar as energias de equilíbrio mental e emocional, assim cocriando um novo futuro, uma nova realidade, uma nova Humanidade pautada nos valores centrais do fogo purificador. Este é o momento da verdadeira transmutação, o instante de reavaliar aquilo quem sois e ancorar, através da luz de vossos corações e de bênçãos, a sintonia do poder. Existe um único poder, o poder de Deus Pai-Mãe, o poder da criação da LUZ. Sois LUZ e este é momento de viver a LUZ que sois.

Enquanto a Humanidade como um todo acreditar no poder da manipulação, esse poder continuará ocorrendo. Porém, percebeis que muitos seres encarnados não mais admitem o poder manipulativo, mas sim o poder criativo. Muitas são as mentes, muitas são as orações, muitos são os corações crísticos e os átmas por intermédio da Presença Eu Sou voltados para o bem maior.

Muitas são as frequências maiores direcionadas à Terra, para que o homem, conscientemente, abrace todas as oportunidades que quiser. O plano espiritual trabalha com a energia da consciência. Sempre foi assim e sempre será, pois este é o verdadeiro despertar crístico, a consciência de cada alma individualizada, senão todos seriam robôs a serviço de um único ser manipulativo ou mesmo fanatizados em uma única fé cega. Portanto, que possais invocar a consciência, a consciência, a consciência de Luz em todos os seres encarnados pela Luz do discernimento, a fim de que todos possam, por meio do poder de escolha, escolher o caminho da Luz, e que possais invocar a todos os líderes, para que eles possam servir como receptáculos e pilares do poder de Deus, e a fim de que a luz do Primeiro Raio, responsável por todos os seres governamentais sobre a Terra, atue sobre todos os homens por meio da fé e do Poder Crístico, do poder criativo, do poder centrado no amor e na resolução da fé maior, da igualdade, da liberdade, da justiça e da fraternidade.

A força positiva que vos une é a energia da própria fé, que, neste momento, restabelece uma sincronicidade de pensamentos e de emanações de almas em toda a rede cósmica evolucional sobre o Planeta Terra. Muitos seres estão irmanados na mesma frequência de Luz, de Paz, de Amor incondicional, e esta é a força da vitória do ecumenismo que vivencia a Paz Planetária, para que todos os reinos possam alçar voo rumo a um novo tempo, na cocriação de novos ideais.

Amados filhos, nada devereis temer. O poder da Luz de Deus é maior do que tudo aquilo que vossas mentes tridimensionais possam conceber. Que possais colocar a atenção na chama da Esperança e da Fé, e sustentar a chama do Amor incondicional e da Paz, da harmonia e da força da celebração à vida, no equilíbrio, na igualdade e unidade em todos os seres, a fim de que todos sejam unos no poder de Deus e para que todos sejam a força que resplandece a energia maior da criação e possam ser arautos, ou seja, responsáveis por este novo início de cocriações conscientes em sintonia com o Poder Crístico, com o poder criativo, com o poder que reedifica a força da paz planetária. O futuro sempre esteve nas mãos da Humanidade, mas agora, mais do que nunca, todos os seres são responsáveis por criar. Relembramo-vos de que, quando Buda ascensionou e atingiu a iluminação, ele deu um grande salto rumo à própria iluminação e à iluminação da Humanidade. Hoje, de acordo com as preces, a luz, as sintonias, os mantras, as irradiações de silêncio e a compaixão deste momento, despertada por muitos seres encarnados sobre a Terra por Energias Crísticas do presente, a sintonia do Amor e da Liberdade se fazem cada vez mais uma realidade para que todos sejam consagrados em nome da Fé.

Que possais amar, amar incondicionalmente. Este é o momento de demonstrar que estais encarnados para amar incondicionalmente. É o instante que deveis continuar reavaliando vossas vidas e qualificando vossas existências. Qualidade, qualidade em tudo o que fazeis, qualidade em tudo o que pensais, qualidade em vossas ações e naquilo que escolheis para vossa realidade individual, pois a qualidade é a energia maior de um novo futuro, na sintonia da virtude crística da perfeição. Não deveis julgar. Deveis apenas abençoar todos os seres encarnados, principalmente aqueles que, ainda temerosos, criam o conflito tridimensional, pois a energia que neste momento traz a força da percepção e reflete o conflito é reflexo da insegurança de alguns encarnados sobre a Terra, que, neste momento, se encontram em destaque e em posição de poder. Ao mesmo tempo, nada ocorreria se não houvesse uma irradiação de contraparte, que sustentasse essa sintonia de temor. Esta é a irradiação do inconsciente coletivo, daqueles que não atingiram seu próprio equilíbrio. Portanto, o equilíbrio crístico, a harmonia, a devoção, o discernimento, o Amor incondicional e a força da vossa própria paz preencherão cada vez mais vossos corpos e receptáculos de luz para que possais transcender o presente, ver de novo e organizar um novo futuro por intermédio da fé. Que, no momento presente, possais direcionar vossas vidas ao eterno agora.

Visualizeis, de vosso chacra frontal, um grande caudal de Luz Violeta transmitido a toda a vizinhança, à cidade de São Paulo, ao Estado de São Paulo, ao Brasil, à América do Sul, à América Central, à América do Norte, aos Estados Unidos, à Ásia, à Europa, à África, à Oceania, aos oceanos, ao Oriente e a todos os países em conflito. Todo o Planeta Terra, neste momento, está sendo envolvido por uma camada de Luz Violeta, transmitindo a todos Paz, Amor e Harmonia Universal para que todos possam buscar, na força do Amor incondicional, o reino da Luz eterna. Que todos possam, neste momento, conceber as energias máximas da transmutação eterna no equilíbrio, na paz e na perfeição, para que, juntos, possais criar a energia do ecumenismo e a sintonia do respeito ao livre-arbítrio por intermédio da força na chama da Fé.

Visualizeis, através de vosso chacra frontal, um grande caudal de Luz Verde Esmeralda dirigido a todos aqueles que vós sabeis que necessitam do Raio Verde da Cura, a todos aqueles que se encontram em hospitais, a todos aqueles que não têm um leito, a todos aqueles que não se encontram na energia maior da Paz, a todos os doentes espirituais, mentais e astrais, para que todas essas forças sejam transmutadas em nome da Luz e para que todos possam buscar, por intermédio da força da Liderança e da Fé, a chama da autocura e do poder, da esperança e do rejuvenescimento, para que a Paz Planetária e a autocura sejam uma realidade rapidamente sobre todos.

Amados filhos, este é o momento do grande despertar. O chamado já soou há *éons*. Por intermédio da Energia Crística, tendes a oportunidade de recriar vosso próprio futuro. Que possais, por meio da energia da vossa própria fé, reequilibrar vossas energias e emoções, que possais emanar Amor, Amor, Amor, Paz, Paz, Paz a tudo aquilo que puderdes enxergar para suavizar as irradiações, energias e atitudes de alguns que não encontraram o despertar da própria luz na força maior da harmonia.

Tudo no Planeta Terra consiste na grande disputa do poder, do poder manipulativo e do poder da energia chamada dinheiro. Vereis que muitas serão as transformações planetárias nos próximos anos, a fim de que a energia maior da saúde e da qualidade de vida sejam prioridade em todos os reinos encarnados e para que todos os seres possam priorizar a energia maior da vitalidade por meio do prana sutil e vivenciar, assim, as energias máximas da fé, do Amor incondicional e da justiça pelo poder da iluminação. É momento de estar centrados na fé, na fé de uma nova esperança, na fé de um novo caminho, na fé de uma nova hierarquia celestial em que todos os reinos estejam centrados na energia da não violência por intermédio do Amor incondicional. É o momento da verdadeira transformação planetária. Como dissemos, o futuro pertence à própria escolha humana, mas, todas as vezes que a humanidade pede por intervenções, todo o plano espiritual está apto a intervir. Que possamos, juntos, formar um grande receptáculo vivo de Amor e Liberdade, Paz e Transmutação em todo o inconsciente coletivo da humanidade neste momento.

Visualizeis o Planeta Terra e, acima dele, um grande espelho de luz que reflete todas as formas-pensamentos da humanidade. Visualizeis a Chama Violeta acima dessas formas-pensamentos para que, no poder da transmutação e da fé, do equilíbrio, do Amor incondicional e da misericórdia, todos os reinos manifestem o poder maior da compaixão e possam redespertar para o próprio caminho, reescolher a própria diretriz e vivenciar a energia da plenitude e da fé. Que, pela luz, possais renascer, e, pelo renascimento, possais, por meio de vosso livre-arbítrio, preencher vossos corações.

        Convosco sempre estaremos.
            Amor e Luz,
      Eu Sou Saint Germain.

Amados filhos,

Na celebração à vida, todos os reinos buscam as energias e os questionamentos. Este é o momento único da transição. A Humanidade deverá reescolher seu direcionamento. Todos os seres deverão pautar seus valores máximos pela fé e, imbuídos da chama do Amor incondicional, todos deverão redirecionar a verdadeira transcendência, a alquimia, por meio da Luz maior, para que se cumpra sobre a Terra a Idade do Ouro, na conscientização de todos os reinos e ideais.

Quando estive convosco na minha última encarnação, como Conde de Saint Germain, na época da Revolução Francesa, a Humanidade, por meio da lei do livre-arbítrio, escolheu o poder manipulativo. Hoje, mais uma vez, o poder manipulativo se ergue diante das forças da harmonia e da paz; porém, não deveis julgar, a fim de que as energias do Amor possam tomar conta do inconsciente coletivo e todos, na Lei da Misericórdia, possam continuar alçando voo rumo ao novo patamar em que todos os reinos deverão se igualar, pois igualdade é o patamar máximo e a palavra de ordem deste novo momento.

É a Energia Maior da Paz e da Transcendência que vos fala. É a Irradiação do Amor e da Misericórdia, condizente com a Chama do Amor Incondicional, que, por meio do direcionamento do Amor Intrínseco da Luz do Grande Conselho Cármico, traz a força dos patamares máximos da vitória da Chama Maior da Maestria e da Iluminação. Sois ímãs; atraís aquilo que emanais. A Humanidade, hoje, está cada vez mais convicta de seus próprios valores, criando suas próprias regras e ideais por meio de transgressões ao equilíbrio ecológico e aos valores humanos. Preenchei vossos pensamentos na Luz do Amor e da Fé e vereis que todos os reinos estarão centrados na Chama Maior da Misericórdia, pois é somente na Luz da Misericórdia e da Compaixão que todos reencontrarão seus caminhos maiores na Fé.

Todos os fatos sobre a Terra levam a indução de novas energias e de forças à celebração da própria vitória. Todas as energias já criadas sempre trazem a Força da Transcendência à irradiação do ser tridimensional encarnado hoje. O Homem, hoje, está cada vez mais sintonizado na divisão da mente, na irradiação do ego comparativo, na energia da personalidade, na luta do poder e na energia da manipulação, na transcendência dos valores crísticos universais e na energia que impulsiona a força do superficial. Que possais perceber este momento único, que transpassa todos os reinos e traz a Força da Glória a todos os que buscam a alquimia. Que possais perceber que a vitória pertence a todos os seres, sem exceção, e que este é o momento único de colocarem a Chama da Força da Consciência em ação para poderem agir em uníssono por meio do silêncio mental, do Amor Incondicional e da Paz Plena.

Percebais, pois, que tudo está contido na lei do livre-arbítrio universal. O plano espiritual não tem acesso ao livre-arbítrio individual nem à condução das ações sobre a Terra. Mas vós, seres encarnados, tendes a função de trazer as energias da elevação de vossa própria atitude na sintonia e na sincronicidade de vossa flexibilidade; é para isso que sois Discípulos da Luz, uma vez mais encarnados, para que, juntos, possamos acionar a irradiação da presença EU SOU e, juntos, na Vitória, possamos continuar manifestando as energias máximas de Reequilíbrio, Amor Incondicional e Maestria. Este é o momento da verdadeira delicadeza da alma, da transcendência do fio da navalha, da irradiação da Fé, do equilíbrio da chama de uma verdadeira peneira cósmica para que todos aqueles que são condizentes com a energia da Luz permaneçam intactos nas energias da transição de todas as evoluções.

É o momento do questionamento da Humanidade. Todos os Seres que se encontram em patamares de liderança têm o poder de transformar a evolução da vida pelas Forças da Alquimia e da Fé. Sabeis que muitos seres vindos de outras estrelas, de outros planos e de outras dimensões encarnaram sobre a Terra, pois este é o momento único da verdadeira ascensão em massa para todos os que querem atingir a Força da Maestria. Outros seres não tão evoluídos também estão entre vós para acelerar seus processos evolucionais e atingir a força do livre-arbítrio.

A Chama do Amor e da Liberdade está contida em cada Presença EU SOU de todos os seres encarnados, e a força do Patamar do Plano Espiritual, bem como de todas as Legiões de Proteção, Amor e Liberdade, são para que sejais amparados nos momentos de mudança e de transições evolucionais. Abençoamos a Terra todos os dias. Abençoamos todos os seres a cada momento, a fim de que todos possam recriar suas próprias energias e diretrizes e alçar voo rumo ao novo tempo.

Sabeis que vos equilibrais sobre vossos corpos. O ser humano necessita de dois pés para que possa caminhar, e nenhum ser humano caminha com os pés de outro. Tendes vossas próprias pegadas, vossas próprias diretrizes e escolhas, vossa própria força e vossos próprios prejulgamentos, que deverão ser transmutados, pois na lei de Deus Pai-Mãe existe apenas Amor Incondicional e Misericórdia.

Este é o momento único. Deveis ter misericórdia por todos os que transgridem as leis e não estão centrados na Fé. Que possais perceber que a mente humana se desvirtuou das Energias do Amor e da Vitória, da percepção do Amor Incondicional e da Perfeição, e que muitos incautos não reencontraram o caminho da Luz e, por isso, estão cada vez mais aprendendo a reorganizar as forças do ego-personalidade e fortalecendo o superficial. Ao mesmo tempo, aquilo que ocorre no plano tridimensional é reflexo da emanação de pensamentos gerados por vários seres encarnados, que também condiz com aquele patamar de vibração. Por isso, é de vital importância que possais silenciar vosso corpo mental. O silêncio é urgente neste momento, para que, por intermédio da Urgência Crística, todos possam buscar a evolução do patamar mental e atingir o salto quântico da Verdadeira Força Motriz que cocria uma nova realidade por meio de vossos padrões mentais, evolucionais e emocionais, pois a Humanidade tem em suas mãos a energia do verdadeiro cetro – o cetro do Poder Crístico, do poder da verdade, do poder da manifestação de vossos sonhos e ideais.

Neste momento, a energia de vossa Mãe Terra grita pelas forças de Equilíbrio, Harmonia, Paz e Transcendência. A irradiação do ser humano está centrada na energia da força da vitória, na força maior da alma; porém, muitos seres encarnados não dão a devida importância à parte espiritual, embora a espiritualidade seja a força da essência de cada Santo Ser Crístico encarnado.

Todos foram criados à imagem e semelhança de Deus para que pudessem conceber a Força da Misericórdia e a Energia Maior da Harmonia. Nada deveis temer, pois aqueles que se envolvem nas energias das trevas estão, cada vez mais, centrados nas forças dos patamares do limite e do inconsciente. A irradiação das trevas, neste momento, significa a força do ódio que deve ser banido da Humanidade, pois não tem função nas Forças da Irradiação Crística do Amor Incondicional nem na energia da Rede Crística, que, neste momento cósmico e evolucional, permeia a força do tecer maior do Amor e da Luz na Chama Maior do Amor Incondicional e da Liberdade.

O fanatismo leva à loucura. A energia do Amor e da Vitória pertence aos que buscam o discernimento, e o discernimento é exercitado a cada dia, na disciplina e no poder, no exercício hábil da vida, na energia motriz de cada coração, na chama da verdade de cada emanação viva, a fim de que todos os seres sobre a Terra possam ressurgir gloriosos nos Patamares Máximos do Amor e da Bem-aventurança e na Luz da Fé.

O inconsciente coletivo da Humanidade, hoje, continua centrado na força do sofrimento. Infelizmente, muitos seres gostam de alimentar e de sustentar a energia do sofrimento e da dor; porém, vós que um dia confiastes vossa energia à Fraternidade Branca Universal e conhecestes as leis máximas da verdadeira transcendência e da alquimia, que possais transmutar vosso inconsciente e vossos pensamentos, e que possais acessar a Chama Maior da Verdadeira Harmonia mediante os Patamares Máximos da Fé e da Bem-aventurança.

Que possais perceber a vital importância de a oração ser cada vez mais exercitada, pois é na comunhão com a força do Grande Arquiteto dos Universos, na lei de Deus-Pai-Mãe, que o Amor Incondicional e a Misericórdia trazem a Energia Maior do Amor e da Justiça, a Força Maior da Fé e da Bem-aventurança.

Amor e Luz,
Eu Sou Saint Germain.

Amados filhos,

A Fraternidade Branca Universal atua há éons em todos os universos, em todas as Forças Crísticas. Há muito tempo, temos direcionado Nosso Amor Incondicional ao Planeta Terra, para que, juntos, possamos alçar voo rumo a um novo tempo na concretização da Nova Idade do Ouro. Nunca desistimos nem desistiremos, pois a energia da fé pertence a todos os seres em expansão. Sabeis que, de acordo com disputas e com forças do passado e do presente, a Humanidade se dividiu em regras, leis, energias, religiões e forças, e que, por meio da manipulação do ego de alguns, muitos foram subjugados e estão sofrendo pelas energias passadas.

Que possais perceber que este é o momento da grande mudança, da energia do retorno do Cristo, da Consciência Crística Edificada. Nenhum ser surgirá glorioso na força tridimensional, a não ser que a força do inconsciente coletivo seja transmutada pela Luz Maior da Alquimia e da Fé.

Que possais perceber a vital importância de vossa preocupação com o meio ambiente e com o equilíbrio ecológico, a fim de que vossos vulcões subterrâncos possam se harmonizar e que o pensamento humano possa neutralizar as energias daqueles que não estão centrados na Harmonia e na Fé.

Quando Buda atingiu a Maestria, toda a Humanidade subiu um degrau na escala evolutiva. Este é o início de uma Nova Era, a Nova Idade da Luz que se manifesta sobre a Terra.

Que possais cuidar de vossos pensamentos e de vossas energias. Deveis armazenar energias para poder conduzi-las ao vosso rejuvenescimento, à energia da vossa imortalidade e à força maior de vossa própria fé.

Amor e Luz,
Eu Sou Saint Germain.

Sobre ecologia

Amados filhos,

Este é o momento do vosso despertar individual. Consciência, discernimento e luz – estas são as três alavancas-mestras. Deveis acessar consciência, discernimento e luz em vossas vidas. Que, em cada momento, possais questionar tudo o que fazeis. Deveis fazer apenas o que vos traz alegria e harmonia, o que está centrado em vossa própria alma. Deveis continuar colocando vosso poder e readmitindo-o somente nas situações contidas nas Energias de Luz, a fim de que possais transcender o passado e perceber que as energias inatingíveis serão, um dia, atingidas para que todos redespertem os verdadeiros valores e possam, assim, alçar voo rumo a um novo tempo e a um novo milênio, por meio das Esferas Máximas do Amor, da Misericórdia, da Paz e da Ascensão.

Como previsto no passado, aquele que se espelha na Luz e se fecha em Luz estará sempre na proteção da Luz. Nada deveis temer, pois a luz da vossa própria Presença Eu Sou e a energia de vossa alma vos falam, para que possais continuar preenchendo vossos corpos e vossas vidas com saúde, amor e abundância.

O plano espiritual está agindo sobre a Terra no nível intuitivo evolucional, com bênçãos no código genético, pois, em cada código genético tridimensional, está incutida a força da alma, o poder ilimitado, para cocriar a própria realidade. Que possais, neste momento de verdadeiras transições, e com atitudes de solidariedade, continuar mantendo a atenção em vossa própria sintonia, na energia da ação correta. Deveis agir por meio do silêncio mental e de orações, por meio de visualizações criativas e de acordo com vossos planos engajados na preservação à vida e na energia do alicerce de todas as formas-pensamentos, para que, pela irradiação da ecologia, todos os reinos purifiquem o que não mais estiver em sintonia com a Paz e a Harmonia, a fim de que a consciência planetária redesperte em todos os reinos e ideais.

Amor e Luz,
Eu Sou Saint Germain.

Propósito dos Mestres Ascensos para a Humanidade

A intenção do Mestre Saint Germain, que assumiu total responsabilidade por TODOS os seres que vivem em nosso Planeta Terra nesta Nova Idade de Ouro, nos reinos mineral, vegetal, animal e hominal, é que *ALCANCEMOS A ASCENSÃO AGORA*. Isso significa estarmos em corpo físico e conscientes de nossas escolhas, vivendo uma realidade centrada na Vitória e no Amor.

Somos livres para escolher tudo na vida: pensamentos, sentimentos, alimentos, vestuários e onde colocamos nossa atenção pelos meios de comunicação. Nossa sintonia e escolha consciente é o que determina a nossa realidade a cada dia.

A cada dois mil anos, todos os planetas do Sistema Solar passam por um período de transformação e se aproximam do Sol; portanto, devemos vibrar de modo mais puro, ou seja, transformar nossos corpos por meio de nossos atos e pensamentos para elevar nossas vibrações e, com isso, suportar o calor emanado do Sol neste novo milênio, já que a tendência é ficar cada vez mais quente nesta Nova Era da Luz.

Orações para o Momento de Transformação Planetária que Estamos Vivenciando

A grande invocação

*Do ponto de luz
Na mente de Deus,
Que flua luz à mente dos homens
Que a Luz desça à Terra.
Do ponto de Amor
No coração de Deus,
Que flua amor ao coração dos homens
Que Cristo retorne à Terra.
Do centro, onde a vontade de Deus é conhecida,
Que o propósito guie as pequenas vontades dos homens,
O propósito que os Mestres conhecem e servem.*

Do centro, a que chamamos a raça dos homens,
Que se realize o Plano de Amor e de Luz
E feche a porta onde se encontra o mal.
Que a Luz, o Amor e o Poder
Restabeleçam o Plano Divino sobre a Terra,
Hoje e por toda a eternidade.
Amém.

Oração de Krishna

Ó, Vós, infinita e sagrada Presença Divina, altíssima fonte de toda vida!
Abençoado seja Vosso sagrado nome!
Nós nos prostramos aos vossos pés,
Nós Vos agradecemos,
Nós Vos rendemos graças,
Nos Vos glorificamos por Vossa majestosa presença no Universo!
Porque Vos sois – Eu Sou o Eu Sou!
Nós Vos devolvemos, ó Poderoso, toda a força e poder que foram usados por nós na imperfeita manifestação visível ou invisível.

Vós sois o Todo-Poderoso do Universo!
Não existe outro poder em atividade.
Seja feita a Vossa vontade – em nós, agora!
Deixai Vosso reino manifestar-se, constantemente, na face da Terra,
Através de todo o tempo, no coração de todos os que são abençoados,
Que estão em condições de viver esta graça!
Ó Vós, Altíssimo Bem-Amado!
Elevamos nosso coração, nossa visão, nossa consciência a Vós.
Deixai a substância de Vosso próprio ser fluir em cada um de nós,
De acordo com as nossas necessidades, para seguirmos em Vosso nome e
Não haver deficiência em Vosso serviço.
Pedimos o perdão pelas nossas transgressões à Vossa lei do Amor e da Harmonia,
Para nós e para todas as pessoas, bem como para as forças dos Reinos dos Elementais e do Reino da Natureza.
Dá-nos, agora, Vossa misericórdia!

*Com Vossa força e Vosso desejo,
queremos perdoar, de nossa parte, as
faltas de todos os que nos magoaram, desde
o início dos tempos!
Não tememos mal algum, porque estais em
volta de nós e dentro de nós.
Não existe poder além do Vosso, nada que
possa ferir, destruir ou
roubar a beleza da vida.
Vós sois a força, o poder no qual
trilhamos o caminho da prestação de contas.
Ó Pai da Luz, glorificai-nos em Vosso
próprio ser e mostrai-nos
toda a glória da qual participamos
convosco, antes que o mundo fosse feito.
Assim seja!
Selados para sempre na Sétupla Chama dos
majestosos Elohins,
E envoltos em segurança na tríplice
atividade da Chama Trina,
Nós vamos e enfrentamos os dias com os
passos firmes
De um poderoso conquistador da vida.
Um vitorioso, um mestre sobre toda a
substância e sobre os mundos em geral.
Isso afirmamos como verdade!*

A divina escada

(do livro Invocação à Luz, *da Ponte para Liberdade)*

*Cada mortal que sobre a Terra surgir
Receberá de Deus uma escada para subir,
E essa escada, cada um há de galgar
Degrau por degrau. Desde o mais baixo lugar,
Vai percorrê-la passo a passo, desde o início,
Ao centro do espaço, ao seu próprio princípio.*

*Numa era passada, mas que hoje perdura,
Escolhi e moldei a minha escada, tu escolhestes a tua.
Quer seja de luz ou seja obscura,
Por nós mesmos foi ela escolhida,
Uma escada de ódio ou uma de amor,
Seja ela oscilante ou firmada com vigor.*

Quer feita de palha ou formada de ouro rei,

*Cada uma obedece uma justa lei,
E a deixaremos quando o tempo for esgotado.
Dela, toma-se posse ao ser de novo convocado.
Por vigias, em frente a um portão cintilante,
Ela é guardada para cada alma passante.*

*Mesmo sendo a minha estreita e a tua alargada,
Sozinho chego a Deus por minha própria escada.
A de ninguém posso pedir, nem a minha emprestar,
Com o esforço em subir na sua, cada um tem que arcar,
Se, em cada degrau que escalares,
Só barreiras e tormentas encontrares.*

*Se pisares sobre ferro enferrujado e madeira carcomida,
A ti cabe transformar tudo isso para, seguro, galgares tua escada.
Reforçá-la e tê-la sempre reconstruída*

É a tua tarefa árdua, mesmo que longa seja a tua vida.
Chegando ao fim da escada, já terás cruzado a ponte
Que te dará todos os tesouros da Terra e do Espírito Divino, a fonte.

Tudo o que de outra forma se possa obter
Será ilusão apenas. Não pode permanecer.
Em revoltas inúteis, não faremos o tempo fugir.
Subir, cair, reconstruir.
Cumpramos isto, até que a nossa carreira humana nos leve à Verdade,
Até que, juntos, homem e Deus, sejamos UMA só Divindade

O Maha Chohan Paulo, O Veneziano

Gratidão, gratidão, gratidão eterna ao Bem-Amado Mestre Saint Germain, por vossa presença luminosa em nossa vida há tantos éons.

Rosário da Abundância Divina

*por Mestre Saint Germain, canalizado
por Carmen Balhestero*

Amados filhos,
Abundância é o resultado da atitude interna natural de abertura, sem prejulgamentos ou conceitos preestabelecidos.

Convido-vos, agora, a reprogramar vossos padrões mentais para que possais aceitar a abundância com naturalidade em vossa vida.

A Humanidade encara a abundância como um visitante distante, que se apresenta escassas vezes durante o percurso de uma vida. Pois eu vos digo que devereis aceitar a abundância como a vossa melhor amiga, com fidelidade, respeito e amor.

Em consciência, sabeis onde empregar melhor vossa "energia condensada", e até então "manipulada" – o dinheiro –, mas, a partir deste momento, com o Rosário da Abundância Divina, ireis perceber que tudo é simples, pleno, próspero e, acima de tudo, feliz. Portanto, abri vossos corações e mentes e aceitai esta nova condição de ser próspero e feliz agora. É só isso que vos peço: que possais intensificar vossa felicidade cada vez mais, pois na alegria e na atitude interna de liberdade tudo é manifestado.

Amor e Luz,
Eu Sou Saint Germain.

Iniciando o Rosário

Em nome do Pai, da Mãe, do Filho e do Espírito Santo.
Assim é. Assim é. Assim é.
Amém. Amém. Amém.

Invocações para atrair a Abundância Divina

(Repetir três vezes todas as invocações)

Eu Sou um Ser ilimitado.
O Universo abundante e perfeito sustenta minhas decisões e me apoia.

Eu Sou Consciente de meu poder ilimitado de magnetizar, atrair, precipitar e cocriar.

Eu Sou a utilização do poder da Chama Violeta em Ação.

Eu Sou consciente de que a Chama Violeta transmuta agora todas as imperfeições, limites e bloqueios que impedem a minha Abundância Divina.

Eu Sou o poder da Chama Violeta em Ação.

Eu invoco por Santa Ametista, para que preencha todos os meus corpos em Luz Violeta Flamejante.

Eu invoco por Santa Ametista, para que, na Luz de Seu Amor Infinito, abençoe este meu momento presente, para que eu possa cocriar uma nova realidade em minha vida agora.

Eu invoco o poder do Elohin Arcturos, para que na Luz da Determinação e na sintonia do impulso inicial de um novo ciclo, eu cocrie a minha liberdade financeira, ilimitada e eterna.

*Eu invoco o poder do Arcanjo Ezequiel e
de toda sua luminosa legião de Anjos, para
que abençoem este momento sagrado.
Deus é ilimitado, abundante e perfeito.
Como filho(a) de Deus, eu aceito em
total plenitude ser a totalidade do que
"Eu Sou": um ser ilimitado, abundante e
perfeito.
Eu invoco o poder de concretização
do Bem-Amado Metatron, para que
manifeste no mundo da matéria os meus
sonhos e ideais projetados nos planos
mentais e etéricos.
Que eu veja diante de mim um novo
mundo: próspero, harmonioso,
equilibrado e feliz.
Que eu seja o precursor de uma nova
realidade na Terra agora, onde,
respeitando a energia da moeda
denominada "dinheiro" eu admita ser
suprido abundantemente, provido pelo
poder da Perfeição Crística Universal.*

Eu, agora, liberto todos os meus julgamentos e preconceitos em relação ao "dinheiro" e à "abundância".
Pelo poder do Conselho Cármico, eu curo o inconsciente coletivo da Humanidade, transmutando o sentido da energia do dinheiro, aliviando o sofrimento e as preocupações em relação ao limite do fluir da abundância em minha vida e em todo o Planeta.
Eu, agora, respiro aliviado o prana puro e sutil, rico e abundante em todo o Universo.
Assim como o prana flui naturalmente no Universo, também o dinheiro flui em minha vida, suprindo todas as minhas necessidades, proporcionando-me uma nova vida AGORA.
Eu aceito o poder da manifestação em ação AGORA.
Eu mudo minha atitude interna em relação à abundância AGORA.
Eu invoco o poder do Arcanjo Ezequiel e de toda a legião de Anjos da Sétima Esfera de Luz. Flamejai, flamejai, flamejai

Vossa Luz e poder de concretização sobre mim, agora, para que, livre dos grilhões do passado, eu atinja uma nova sintonia de atuação, na qual novas realidades se abram diante dos meus olhos.

Que eu tenha discernimento para ver com a Luz do meu coração e de sentir, com a inspiração da Hoste Angélica, o melhor momento e a melhor diretriz para que a minha vida, a partir de agora, seja plena, saudável, abundante, perfeita e ilimitada.

Que eu compreenda e utilize todo o potencial da minha presença Eu Sou em ação agora.

Não existem mais limites. Tudo é pleno, rico, feliz e próspero.

Em alegrias, eu me aproximo da minha presença Eu Sou para que, juntos, possamos cocriar uma nova realidade em minha vida particular e em meu Planeta, a partir de agora.

Eu Sou ilimitado. Eu Sou ilimitado. Eu Sou ilimitado.

Eu Sou abundância. Eu Sou abundância. Eu Sou abundância.

Eu Sou feliz. Eu Sou feliz. Eu Sou feliz.

Eu Sou Amor. Eu Sou Amor. Eu Sou Amor.
Eu Sou Luz. Eu Sou Luz. Eu Sou Luz.

Ave-Maria

(Repetir três vezes a oração)

Ave, Maria, cheia de graça,
O Senhor é convosco.
Bendita sois vós entre todos os Seres,
Bendito é o fruto da vossa essência, Jesus.
Bem-Amada doce Santa Maria, mãe de todos nós,
Eu entrego meu coração e rendo devoção a vós.
Que possais libertar meus limites e sofrimentos
e revelar-me o que devo fazer para curar minhas ilusões
e sempre manter o conceito imaculado para os outros,
Bem-Amada Mãe Maria, Mãe de todos nós e do Cristo Cósmico.

A grande invocação

(Repetir três vezes a oração)

Om

(Repetir nove vezes)

Oração ao
Mestre Saint Germain

por Heloísa Lassálvia

Bem-Amado Mestre Saint Germain,
nosso Protetor e Orientador,
em nosso nome e em nome de todos vossos filhos protegidos,
concedemos total e plena permissão de expressar o nosso Eu Sou
para Vos oferecer nosso reconhecimento, Amor e Gratidão

*por nos ensinar com Vossa paciência,
confiança e dedicação,
a alquimia da Maestria e nos guiar por
caminhos que nos levam à Ascensão.
Por isso, somos felizes e aceitamos
idealizar e executar
nossos objetivos na Luz e na Paz da
Vossa Verdade.
Hoje, neste dia abençoado e sagrado, em
nome de todas as vossas
encarnações, especialmente como São
José, vos oferecemos também
a Luz da nossa Divindade para que,
juntos, possamos cocriar um mundo
melhor.
Neste Vosso dia, queremos consagrar
nossa vida e nossa missão
individual e coletiva aqui na Terra, à
Vitória do Vosso Plano Maior de Luz.
Bem-Amado Mestre,
nos entregamos a Vós e aos Vossos
ensinamentos
para que nos tornemos discípulos
dedicados e conscientes*

*e, assim, como instrumentos da Vossa
Luz,
possamos manifestar, por meio de nossas
ações e atitudes,
a mesma Paz que reina na Sétima Esfera
de Luz.
Eterna Gratidão, Mestre, Mentor e Amigo
por cada amanhecer de nossa vida em que
nos faz lembrar
que somos perfeitos e prontos
para sempre cocriar um dia melhor do
que o outro.
Gratidão por Vossa ousadia
em confiar que somos capazes
de rejuvenescer e precipitar a nossa
longevidade.
Gratidão por nos ensinar a ser livres por
toda a eternidade.
Gratidão eterna ao Mestre Saint
Germain,
e a todos os seres da Sétima Esfera de Luz
da Sagrada Chama Violeta.
(E o Mestre nos cobre e nos abençoa com
Seu Manto de Luz Violeta.)*

Dialogando com o Mestre Saint Germain

por Heloísa Lassálvia

Bem-Amado Mestre Saint Germain,
hoje, ao acordar, tomei uma decisão: vou ser feliz!
Vou vestir a minha melhor roupa e sair por aí.
Visto-me, então, em Luz. Em Luz Violeta.
Faz tanto tempo que ganhei de Vós esse traje e nunca o usei por completo.
Envolta em minha indumentária de fulgor quero sair por aí e sentir a vida.
Quero colocar em prática os Vossos Ensinamentos.
Vou, então, agora me preparar: respiro, respiro
e respiro profundamente a irradiação da Luz Violeta,
e Ela me envolve e me preenche de saúde plenamente renovada.

*Prontamente sinto as células
recém-nascidas no meu corpo.
Agora, respiro mais pausadamente.
Assim posso ouvir o burburinho da festa
que está ocorrendo e percorrendo a
minha corrente sanguínea.
É como um convite para cada átomo
entrar na correnteza Violeta
e festejar a saúde plenamente
revitalizada.
Eu vejo, eu ouço, eu sinto o meu corpo
transmutando
para um novo corpo biológico,
potencializando elétrons, nêutrons, prótons
e íons pela Luz Violeta.
Estou percebendo a preservação da
minha própria vida
e a minha preparação para a
Transcendência.
Imediatamente, respiro mais
longamente, concentrando-me nessa
força de energia.
Já estou pronto! Então, eu saio, saio
para a vida.*

Quero encontrar meus semelhantes, meus irmãos, meus amigos,
e brindá-los com um olhar de ternura, carinho e gratidão.
Quero sentir a vida em cada amanhecer, em cada flor, em cada canto de pássaro.
Quero molhar meus pés nas ondas do mar.
Misturar a minha Luz Violeta em suas águas azuis.
Quero me misturar com o Sol, com a Lua, com as Estrelas,
com o vento, com a terra...
Quero mesclar essa poderosa Luz que carrego
com a obra-prima da Mãe Natureza.
Quero escolher novos caminhos e uma nova forma de vida
centrada na imortalidade do eterno agora.
Eu quero e posso, porque, Amado Mestre,
o manto que me presenteastes incorporou-se ao meu Ser
tornando-me Eu Sou a Chama Violeta em ação.

*E como uma Chama Violeta em ação,
abro agora meus braços, meu coração e minha mente
para que meu manto de Luz se amplie e abrace o meu amado Planeta Terra
e todos seus seres viventes de todos os Reinos e dimensões.
E assim, confiante, junto a Vós, Mestre, ofereço a minha Paz para que seja restabelecida a Ordem Cósmica
em todos locais da Mãe Terra, hoje e por toda a eternidade.
Gratidão, Bem-Amado Mestre Saint Germain,
pela Vossa Graça de Luz que me presenteastes e que eu ainda não havia percebido.
Agora, já vislumbro um futuro de Paz e de Bem-aventuranças
com o poder do Sagrado Manto de Luz Violeta
agora, ancorado em meu ser, em nome do Santíssimo Deus Eu Sou no eterno agora.
Amém! Amém! Amém!*

Afirmações de manifestação e sintonia com a Presença Eu Sou

Eu sou o senhor do meu ser.
Eu declaro que o Céu e a Terra se movem, trazendo-me, no plano tridimensional, tudo o que eu projetar no meu plano mental.
Conforme eu me permito sentir a verdade, minhas palavras sempre me abençoam e abençoam o mundo ao meu redor.

1. Eu estou liberado(a) do meu passado e eu sou uma nova pessoa.
2. Eu sou maravilhoso(a), poderoso(a), lindo(a) e um(a) mestre(a) com poderes de manifestar.
3. Eu escolho dizer a verdade e viver de acordo com a minha verdade hoje e sempre, conforme a verdade me liberta.
4. Hoje, eu experimento receber tudo o que quero.

5. O que eu quero, hoje, é (*declare mentalmente o que você quer*). Eu aceito esta manifestação completamente.
6. Eu sou fortalecido(a) e inspirado(a) por minha Presença Eu Sou.
7. Eu inspiro e fortaleço todos ao meu redor com minhas atitudes e exemplos.
8. Eu contribuo para a minha felicidade e faço a diferença em meu mundo.
9. Eu sou um presente precioso de Deus e sou amado(a) totalmente.
10. Obrigado(a), Deus Eu Sou, Deus Eu Sou, Deus Eu Sou.

Apelos e Decretos do Fogo Violeta

pela sua atuação sobre a Mãe Terra agora!

Trabalhando com os Templos do Fogo Violeta

Aquiete sua mente, respire profundamente e visualize um resplandecente Sol de Luz Dourada em seu coração, penetrando em seu interior. Diga:

> *Eu entro consciente no coração do Fogo Sagrado e ali permaneço.*
> *Este é o verdadeiro ponto central do meu ser.*

Você está sobre uma superfície verde--jade, da verdade, no centro de um Círculo

Dourado que contém a estrela de seis pontas de Davi.

Uma intensa luz dourada esta à sua volta, e você vê a Chama Trina à sua frente, com a Chama Azul à esquerda, a Chama Dourada no centro e a Chama Rosa à direita.

Focalize a atenção na Chama Azul e torne-se um ser ígneo da Vontade de Deus.

Focalize a atenção na Chama Rosa e torne-se um ser róseo do Amor Divino.

Focalize a atenção na Chama Dourada da Sabedoria Crística e complete a expansão da sua Chama Trina em Círculos de Amor, que, em sua ação, são Amor, Sabedoria e Poder Divinos.

Agora, penetre na Luz Dourada da sua Chama Trina e ultrapasse as dimensões de luz, emergindo no Reino Celestial.

Veja as miríades de Legiões de Anjos dos Sete Raios formando, com seus corpos de luz, um gigantesco túnel que une você ao Grande Sol Central.

Veja, então, um ponto de Luz Dourada vindo do Coração do Sol Central, enquanto você escuta as Legiões de Anjos entoando: "Santo, Santo, Santo".

Veja o Cristo, dentro de uma ampla irradiação Branco-Dourada, descendo em sua direção. Ele vem sorrindo, de braços abertos, e a irradiação d'Ele toca você e o envolve, intensificando infinitamente estas irradiações. Você se torna Um.

Então, repita:

Eu Sou o Cristo em atividade, agora e para sempre irradiando Amor e Luz a todo o Universo.
Eu Sou o Cristo em atividade, agora e para sempre irradiando Amor e Luz a todo o Universo.
Eu Sou o Cristo em atividade, agora e para sempre irradiando Amor e Luz a todo o Universo.

Invocação maior da Presença Sublime em nosso coração

Ó Cristo. Ó Redentor.
Recebe a chama ardente do nosso grande Amor

Da presença real que
Coroa a nossa mente.
Ó Cristo. Ó Potentado.
Acolhe a luz nascente e o poder despertado
Do tímido embrião da nossa inteligência.
Ó Redentor. Ó Santo.
Fabrica o Teu bordão,
Manda tecer Teu manto,
Porque queremos fechar
Para sempre a porta ao mal.
Ó Cristo. Ó Nosso Irmão.
Mostra-nos Tua face e estende-nos a mão.
Que a Luz, o Amor e o Poder do Pai
Se manifestem por Teu intermédio
Sobre nós, em nós e por nós,
Eternizando o plano sobre a Terra.
Amém.

Inspire, profundamente, visualize-se dentro de uma Majestosa e Faiscante Coluna de Luz Branca, e diga:

Eu Sou, Eu Sou, Eu Sou a Vitoriosa
Presença do Onipotente Deus que,
agora, me envolve em meu chamejante

e brilhante Manto de Luz Branca, mantendo-me invisível e invulnerável a toda criação humana agora e para sempre.

Agora, visualize o Fogo Violeta preenchendo seu Manto de Luz Branca, e diga:

Eu Sou, Eu Sou, Eu Sou a Vitoriosa Presença do Onipotente Deus que agora flameja o Fogo Violeta através de cada partícula de meu ser, em meu mundo e em meu lar.

Selai-me num pilar de Fogo Sagrado, ó bem-amada Presença Divina Eu Sou, e transformai, transformai, transformai toda a criação humana existente em mim e à minha volta, bem como as que são enviadas contra o meu ser, na Pureza, na Liberdade e na Perfeição dos Mestres Ascensionados agora e para sempre.

Eu Sou a Lei do Perdão e a Chama Transformadora de todo erro que cometi.

E agora, envolto no Manto de Luz Branca da sua Presença Eu Sou, e totalmente transpassado pelo Fogo Violeta, apele:

Bem-Amado Arcanjo Miguel, em nome de Deus, vinde, vinde, vinde e estabelecei uma Poderosa Cúpula Azul de proteção neste santuário, designando vossos Anjos da Proteção para que aqui permaneçam constantemente. Vinde com vossa poderosa Espada Cósmica de Chama Azul e seccionai, seccionai, seccionai tudo o que não serve à luz e não corresponde à realização de nosso Plano Divino.

Veja o Bem-Amado Arcanjo Miguel à sua frente, aproximando-se e transpassando-o vitoriosamente com sua Flamejante Espada de Chama Azul-Elétrico, restando após, um intenso bem-estar.

Eu vos agradeço, Bem-Amado Arcanjo Miguel, por esta tão necessitada assistência.

E, através do meu Cristo e da minha própria Presença Divina Eu Sou, como sacerdote (sacerdotisa) da Ordem de Ezequiel, apelo a vós, Bem-Amado Lorde Gautama, Senhor do mundo, a vós, Bem-Amados Arcanjos Miguel, Jofiel e Samuel, e a vós, Bem-Amado Espírito da Grande Fraternidade Branca:
Irradiai, irradiai, irradiai a Chama Trina de Shamballa para este Santuário e sustentai os Pilares de Chama Azul, Dourada e Rosa, que formarão o Equilíbrio Perfeito para este serviço sagrado.

Enquanto visualiza três poderosas colunas de Luz Azul, Dourada e Rosa no altar de seu santuário, apele:

Bem-Amado Lorde Gautama, em nome de Deus apelo a vós.
Intensificai, intensificai, intensificai a gloriosa Chama Trina de Shamballa e expandi-a por todo o Planeta Terra, através de todos os Reinos que aqui evoluem e servem, levando a toda vida

intenso Amor, Paz e Consolo do Espírito Santo.

Que esta bem-amada Chama Trina de Shamballa, ao entrar em contato com cada ser humano, em particular, se una à própria Chama Trina em cada coração, e, expandindo-a, resplandeça o Cristo em todos os corações, fazendo que haja somente uma inteligência em ação em todo o Planeta Terra: o Cristo em cada ser humano, em uníssono com o Cristo Cósmico e com toda a grande legião de Mestres Ascensionados da Grande Fraternidade Branca.

*Eu Sou, Eu Sou, Eu Sou a vitoriosa expansão
da Chama Trina de Shamballa e de cada coração humano,
por todo o Planeta Terra, agora e para sempre.*

Eu Sou, Eu Sou, Eu Sou a vitoriosa expansão

da Chama Trina de Shamballa e de cada coração humano,
por todo o Planeta Terra, agora e para sempre.

Eu Sou, Eu Sou, Eu Sou a vitoriosa expansão
da Chama Trina de Shamballa e de cada coração humano,
por todo o Planeta Terra, agora e para sempre.

Aceito estas bênçãos como poderosamente ativas e eternamente sustentadas, pois peço e afirmo:

Em Nome do Santíssimo Deus, Eu Sou.
Em Nome do Santíssimo Deus, Eu Sou.
Em Nome do Santíssimo Deus, Eu Sou.

E em nome dos Bem-Amados Jesus Cristo e Maitreya, afirmo:

Ó Vós, Bem-Amado Cristo em meu coração e em cada coração humano, empunhai com a vossa destra uma Flamejante

*Espada Cósmica de Chama Azul, Branco-
-cristal e Violeta, e brandi sobre a nossa
cabeça, ao nosso redor, através de toda
a origem, causa e germens de todos os
erros que cometemos, bem como através
de todas as consequências, efeitos e
recordações, e transmutai, transmutai,
transmutai tudo em luz.
Em nome de Saint Germain,
Eu Sou a Lei do Perdão e a Chama
Transformadora
de todos os erros da Humanidade.
Ó Cristo em nosso coração, ponde esta
Espada Cósmica também diretamente na
origem, na causa e nos germens de todo
sofrimento e rebeldia dos Sagrados Seres
Elementais do reino da Natureza, liber-
tando-os de tudo o que Deus nunca quis e
nunca foi propósito divino, livrando-nos
a todos para sempre dos cataclismos do
reino da Natureza.
Em nome dos Bem-Amados Saint Germain e
de Jesus Cristo, afirmo:
Não devem mais ocorrer cataclismos no
reino da Natureza.*

Não devem mais ocorrer cataclismos no reino da Natureza.
Não devem mais ocorrer cataclismos no reino da Natureza.
Em Nome do Santíssimo Deus, Eu Sou.
Em Nome do Santíssimo Deus, Eu Sou.
Em Nome do Santíssimo Deus, Eu Sou.
Eu Sou, Eu Sou, Eu Sou a Lei do Perdão e a Chama Transformadora dos Mestres Ascensionados
para todo o mau uso que nós e toda a Humanidade
fizemos da vida e dos seres elementais desde o início dos tempos.
Em nome dos Bem-Amados Elohim Arcturos e Divina Diana, do Arcanjo Ezequiel e de Santa Ametista, de Saint Germain e Pórtia.

Agora, veja o Cristo de toda a Humanidade levantar a Espada Cósmica e dela se desprender fulgurantes Raios Azuis, Branco-cristal e Violeta dirigidos ao centro do Planeta, criando ali uma poderosíssima Espada Cósmica, que, empunhada pelo Cristo Cósmico, é brandida do centro do Planeta até os limites dos reinos internos que pertencem à Terra, manifestando, imediatamente, sempre e em toda a parte, Pureza, a Liberdade e a Perfeição dos Mestres Ascensionados. E então, pleno de Amor, Paz e Equilíbrio do Bem-Amado Lorde Gautama, apele:

> *Bem-Amados Arcanjos Miguel, Gabriel, Ezequiel, Astréa, Saint Germain, El Morya, Elohim Hercules e Amazon.*
> *Vinde, vinde, vinde e, em nome de Deus, selai-me, e a toda Humanidade, em vossos Círculos Cósmicos de proteção e de transmutação das chamas Azul, Branco-cristal e Violeta.*
> *Intensificai e multiplicai essa atividade ao infinito, gerando bilhões e bilhões desses Círculos Cósmicos de proteção e transmutação, para que cada ser humano, encarnado ou desencarnado, seja envolto nessa protetora cintura eletrônica, anel intransponível, que há de repelir todo pensamento perturbador e todo elemento destoante que queira se apresentar, transmutando tudo em Luz e*

expandindo Infinita Harmonia Crística por todo o Planeta Terra.

Reforçai, reforçai, reforçai esta atividade mais e mais, e, sustentando-a, envolvei também todos os Bem-Amados Seres Elementais do reino da Natureza: cada Ondina, Silfide, Salamandra e Gnomo dos mais ínfimos aos mais desenvolvidos, bem como todas as criaturas do reino animal.

Eu Sou, Eu Sou, Eu Sou a Lei do Perdão e a Chama Transformadora dos Mestres Ascensionados

para todo o mau uso que eu e toda a Humanidade

fizemos da vida e dos seres elementais desde o início dos tempos.

Selai também, sem exceção, todos os lares deste planeta, todos os logradouros públicos, hospitais, presídios e cemitérios, locais de grande ajuntamento de gente, bem como os locais de devoção, como templos, santuários e igrejas do plano físico e espiritual, em vossos Círculos Cósmicos de Proteção e Transmutação.

Finalmente, selai todas as cidades, países, continentes, mares e oceanos, acima e abaixo da superfície terrestre, bem como os reinos mineral, vegetal, animal, hominal, elemental e angélico, todo o reino da Natureza, todo o plano astral, o âmago de todos os povos e o próprio Planeta Terra em vossos gigantescos Círculos Cósmicos de Proteção e Transmutação, e mantende tudo isso poderosamente ativo e eternamente sustentado, manifestando a vontade de Deus em toda parte.

Ainda pedimos a vós, Bem-Amado Mestre El Morya:

Cuidai para que sejam reforçados os Círculos Cósmicos e a atividade da Espada Cósmica através e ao redor da cúpula governamental e dos corpos inferiores dos Dirigentes de todos os povos, livrando-os das forças trevosas e banindo-as para sempre da Terra, mergulhando-as num lago de fogo sagrado e mantendo-as ali,

até que a Lei Cósmica determine sua remoção a outras salas de aula do Universo, mais adequadas à sua evolução.

Fazei que se manifeste na aura e no ambiente desses Dirigentes um intensíssimo desejo de manifestar a Vontade de Deus, bem como a Paz do Cristo Cósmico e o Bem Geral a todos os povos.

E, em nome dos Bem-Amados El Morya e Divino Jesus Cristo, afirmo:

Todas as guerras devem cessar imediatamente e para sempre.

Todas as guerras devem cessar imediatamente e para sempre.

Todas as guerras devem cessar imediatamente e para sempre.

Ofereço Amor e Luz de minha própria Consciência Crística para que esses apelos se concretizem e se perpetuem.

Em Nome do Santíssimo Deus Eu Sou.

Em Nome do Santíssimo Deus Eu Sou.

Em Nome do Santíssimo Deus Eu Sou.

Que as Espadas Cósmicas nas mãos do Cristo de cada ser humano, em uníssono com o Cristo Cósmico, estejam agora e para sempre confirmando e reforçando os Círculos Cósmicos de Proteção e Transmutação ao redor de toda a vida.

Arcanjo Miguel e Legiões de Luz,
Arcanjo Miguel e Legiões de Luz,
Arcanjo Miguel e Legiões de Luz,
salvai, salvai, salvai toda a Humanidade do malefício e seccionai todas as ligações que estão em torno dela com vossa Espada Cósmica de Chama Azul.
Seccionai, seccionai, seccionai.
Libertai, libertai, libertai.
Protegei, protegei, protegei.
Eu Sou. Eu Sou. Eu Sou.
Eu vos agradeço, Bem-Amado Arcanjo Miguel, o apelo a que atendestes.
Eu vos agradeço, Bem-Amado Arcanjo Miguel, o apelo a que atendestes.
Eu vos agradeço, Bem-Amado Arcanjo Miguel, o apelo a que atendestes.
Peço também a Vós, Bem-Amado Mestre Ascensionado El Morya:
Selai-nos e a todos os buscadores da Luz, em vosso momentum *de Chama Azul, e mantende-o poderosamente ativo,*
sustentando-o até que se manifeste em nós o equilíbrio perfeito da força e pureza da Luz.

*Eu Sou, Eu Sou, Eu Sou
a Perfeição de Deus Pai-Mãe
agora manifestada e eternamente
sustentada.
Eu vos agradeço, e, em nome dos
Bem-Amados Mestres Ascensionados El
Morya e Vitória, afirmo:
Eu Sou, Eu Sou, Eu Sou
a vitoriosa manifestação da Vontade de
Deus
em todo o Planeta Terra, agora e para
sempre.
Eu Sou, Eu Sou, Eu Sou
a vitoriosa manifestação da Vontade de
Deus
em todo o Planeta Terra, agora e para
sempre.
Eu Sou, Eu Sou, Eu Sou
a vitoriosa manifestação da Vontade de
Deus
em todo o Planeta Terra, agora e para
sempre.
Agradeço e aceito o atendimento destes
meus apelos, pois peço e afirmo:
Em Nome do Santíssimo Deus Eu Sou.*

Em Nome do Santíssimo Deus Eu Sou.
Em Nome do Santíssimo Deus Eu Sou.
Ainda peço a vós, Bem-Amados Arcanjos Miguel, Gabriel, Ezequiel, Astrea, Saint Germain, El Morya e Elohim Hércules:
Selai poderosamente em vossos Círculos Cósmicos de Proteção e Transmutação, todos os cascões e formas-pensamentos negativas e nocivas que vagueiam pelo plano astral e pela atmosfera da Terra, e transformai, transformai, transformai tudo em pura luz primeva, substituindo imediatamente por formas-pensamentos de Luz, Paz, Amor e Vitória dos Mestres Ascensionados.
Selai também, em nome de Deus, todos os planejamentos destrutivos que visam a prejudicar o bem-estar dos homens e de toda a vida, bem como o autor destes planos mal-intencionados.
Anulai e transformai tudo em Luz e, em nome e pelo poder de Deus, levai estas emanações de vida recalcitrantes, que insistem em prejudicar a vida, a outras

salas de aula do Universo, mais adequadas à sua evolução, deixando a Terra e todos os reinos que aqui evoluem e servem ter uma evolução livre e desembaraçada, agora e para sempre.

Aceito estas bênçãos como poderosamente ativas e eternamente sustentadas, pois peço e afirmo:

Em Nome do Santíssimo Deus Eu Sou.

Em Nome do Santíssimo Deus Eu Sou.

Em Nome do Santíssimo Deus Eu Sou.

Eu, minha família e toda a Humanidade somos invencivelmente protegidos pelas Forças da Luz do Grande Sol Central, sob o comando e decisão do Bem-Amado Arcanjo Miguel.

Assim é, assim é, assim é em nome de Deus.

E, em nome e pelo poder de Hércules, afirmo:

Eu quero ser um Mestre Divino.

Eu quero ser um Deus livre.

Eu quero ser a Incorporação Merecida da Criança de Deus.

Eu Sou a Vontade de Hércules.

Eu Sou a sua plena irradiação.

Eu Sou a Vontade de Hércules.
Eu Sou a sua Paz Cósmica.
Eu Sou a Vontade de Hércules.
Eu Sou o seu poder cósmico e Ele reforça esta Vontade através de mim a cada hora.
Eu Sou a Proteção de Hércules.
Eu Sou sua plena irradiação.
Eu Sou a Proteção de Hércules.
Eu Sou a sua Paz Cósmica.
Eu Sou a Proteção de Hércules.
Eu Sou o seu Poder Cósmico e Ele reforça esta Proteção através de mim a cada hora.
Eu Sou a Força de Hércules.
Eu Sou a sua plena irradiação.
Eu Sou a Força de Hércules.
Eu Sou a sua Paz Cósmica.
Eu Sou a Força de Hércules.
Eu Sou o seu Poder Cósmico e Ele reforça esta Força através de mim a cada hora.
E ainda reitero a vós, Bem-Amado Elohim Hércules:
Manifestai, manifestai, manifestai e sustentai para sempre uma gigantesca Esfera de Chama Azul no centro do orbe terráqueo, unida aos Templos de Purificação e

Liberdade de Saint Germain por um Majestoso Túnel de Luz Branca, toda esta atividade protegida por incontáveis Serafins do Primeiro Raio sob o comando e decisão do Bem-Amado Arcanjo Miguel, tendo, em seu interior, Integral atmosfera celestial, com a presença em nome de Deus, de Anjos e de Divindades dos Sete Raios e das Sete Esferas de Luz.

Dentro e fora dessa Esfera de Chama Azul pairam duas Cruzes de Malta de Fogo Violeta de Saint Germain, que saturam integralmente o seu interior, e vertem, fluem e flamejam intensamente o Fogo Violeta em toda a região central do planeta, transmutando toda negatividade em pura luz primeva.

Vejo estes raios de Fogo Violeta ultrapassar os limites da superfície da Terra, cumulando também toda a atmosfera, fazendo que perdurem somente pensamentos e sentimentos bons, nobres puros, belos e altruístas.

Dos portais de Luz dessa gigantesca Esfera de Chama Azul partem, em formação, legiões de anjos da primeira, quarta e sétima esfera de luz, que, percorrendo todas as regiões do plano astral, das mais densas às mais etéreas, encontram e resgatam todas as emanações de vida humana, elemental e angélica que ali se encontram prisioneiras ou em sofrimento, dando especial atenção às que ousaram cometer suicídio.

E eles seccionam, seccionam, seccionam todos os grilhões que as prendem às fronteiras terrenas, purificando-as e levando-as em amorosos braços de luz à Esfera de Chama Azul, e através do Túnel de Luz Branca, aos templos de purificação de Saint Germain.

Eu Sou a Lei do Perdão e a Chama Transformadora
de todos os erros da Humanidade.
Eu Sou a Presença do Perdão e da Misericórdia em cada coração humano, em nome da Bem Amada Mãe Kuan Yin.
Ainda peço, em nome de Deus:

Estendei estas bênçãos a todos aqueles que se desencarnam a cada período de 24 horas.

Eu vos agradeço.

Ainda peço a vós, Bem-Amados Arcanjos Miguel, Gabriel e Ezequiel, Astrea, Saint Germain, El Morya, Elohim Hercules e Santa Amazon:

Reforçai mais e mais os Círculos Cósmicos de Proteção e Transmutação ao redor de todos os seres humanos encarnados propensos e inclinados ao suicídio, dando-lhes solução divina pacífica e harmoniosa para todos os problemas que os afligem e reforçando a luz do Cristo em seus corações, livrando-os das forças trevosas e banindo-as para sempre da Terra.

Eu vos agradeço.

E, em nome de Jesus Cristo e Arcanjo Miguel, afirmo:

Não devem mais ocorrer suicídios em qualquer parte do Planeta Terra.

Não devem mais ocorrer suicídios em qualquer parte do Planeta Terra.

Não devem mais ocorrer suicídios em qualquer parte do Planeta Terra.
Eu vos agradeço e ofereço Amor e Luz da minha própria Consciência Crística para que estes apelos se concretizem e se perpetuem.
Eu Sou o Eu Sou nestes apelos.
Eu os preencho com o Puro Amor Divino e os mantenho inalterados.
Assim seja.

Agora, peça a Deus que envolva toda esta Atividade de Proteção e de Transmutação na Essência Infinita do Puro Amor Divino e na Paz do Cristo Cósmico.

Em nome dos Bem-Amados Santo Aéolo, Maha Chohan, Saint Germain, Mestras Nada e Rowena, Elohim Órion e Angélica, Arcanjos Samuel e Caridade, Arcanjos Uriel e Dona Graça, Elohins Tranquilitas e Pacífica, Deus Himalaia e Divino Jesus Cristo, eu apelo e afirmo em nome de DEUS:

Eu Sou a Presença do Amor aqui, agora e para sempre.
Eu Sou a Presença do Amor manifestando Perfeição em minha vida.
Eu Sou a Presença do Amor em todos os lares deste Planeta.
Eu Sou a Presença do Amor em todo o reino da Natureza.
Eu Sou a Presença do Amor em toda parte.
Eu Sou a Presença do Amor no coração dos Bem-Amados Alfa e Ômega e Hélios e Vesta, que agora envolvem a Terra, e de todos os reinos que aqui evoluem e servem, no Infinito Puro Amor Divino, manifestando Perfeição, Perfeição, Perfeição.
Em nome de DEUS, apelo a vós, Bem-Amados Alfa e Ômega e Hélios e Vesta: Selai, selai, selai cada elétron de vida que pertence e serve à evolução deste Planeta, numa impenetrável Couraça de Puro Amor Divino, para que os elétrons irradiem somente perfeição, não importando através de qual canal eles fluam.

Aceito estas bênçãos como poderosamente ativas e eternamente sustentadas, pois peço e afirmo:
Em Nome do Santíssimo Deus Eu Sou.
Em Nome do Santíssimo Deus Eu Sou.
Em Nome do Santíssimo Deus Eu Sou.
Eu Sou a Presença do Amor no coração da grandiosa Legião de Mestres Ascensionados que afastam do meu caminho toda a negatividade e me elevam justamente agora à infinita atividade do Cristo em meu coração.
Eu Sou o Cristo em atividade agora e para sempre
irradiando Amor e Luz a toda a vida.
Eu Sou a Presença do Amor, manifestando o Cristo em mim,
agora e para sempre.
Eu Sou a Presença do Amor no coração de toda a grandiosa Legião de Mestres Ascensionados, que afasta do meu caminho toda a negatividade e me eleva, justamente agora, à infinita opulência das riquezas de DEUS.
Eu Sou, Eu Sou, Eu Sou

*a Ressurreição e a vida da minha
abundância de dinheiro
e de todas as coisas boas, manifestadas
agora mesmo,
em nome do Bem-Amado e Divino Mestre
Jesus Cristo.
Eu Sou, Eu Sou, Eu Sou
a Ressurreição e a vida da minha
abundância de dinheiro
e de todas as coisas boas, manifestadas
agora mesmo,
em nome do Bem-Amado e Divino Mestre
Jesus Cristo.
Eu Sou, Eu Sou, Eu Sou
a Ressurreição e a vida da minha
abundância de dinheiro
e de todas as coisas boas, manifestadas
agora mesmo,
em nome do Bem-Amado e Divino Mestre
Jesus Cristo.
Eu Sou a presença do Amor no coração
de toda a grandiosa Legião de Mestres
Ascensionados, que afasta do meu caminho
toda a negatividade e me eleva, justamente*

*agora, à perfeita realização do meu
Plano Divino.
Eu Sou, Eu Sou, Eu Sou
a Ressurreição e a Vida da minha
realização do Plano Divino,
em nome do Bem-Amado e Divino Mestre
Jesus Cristo.
Eu Sou, Eu Sou, Eu Sou
a Ressurreição e a Vida da minha
realização do Plano Divino,
em nome do Bem-Amado e Divino Mestre
Jesus Cristo.
Eu Sou, Eu Sou, Eu Sou
a Ressurreição e a Vida da minha
realização do Plano Divino,
em nome do Bem-Amado e Divino Mestre
Jesus Cristo.
Eu Sou a Presença do Amor no coração
de toda a grandiosa Legião de Mestres
Ascensionados, que afasta do meu caminho
toda negatividade e me eleva, justamente
agora, à minha perfeita saúde.
Eu Sou, Eu Sou, Eu Sou
a Ressurreição e a Vida da minha perfeita
saúde manifestada agora mesmo,*

*em nome do Bem-Amado e Divino Mestre
Jesus Cristo.
Eu Sou, Eu Sou, Eu Sou
a Ressurreição e a Vida da minha perfeita
saúde manifestada agora mesmo,
em nome do Bem-Amado e Divino Mestre
Jesus Cristo.
Eu Sou, Eu Sou, Eu Sou
a Ressurreição e a Vida da minha perfeita
saúde manifestada agora mesmo,
em nome do Bem-Amado e Divino Mestre
Jesus Cristo.
Eu Sou, Eu Sou, Eu Sou a Presença do
Amor no coração de toda a grandiosa
Legião de Mestres Ascensionados, que
afasta do meu caminho toda negatividade
e me eleva, justamente agora, à minha
ilimitada força e vigor.
Eu Sou, Eu Sou, Eu Sou
a Ressurreição e a vida de minha
ilimitada força e vigor,
em nome do Bem-Amado e Divino Mestre
Jesus Cristo.
Eu Sou, Eu Sou, Eu Sou*

*a Ressurreição e a vida de minha
ilimitada força e vigor,
em nome do Bem-Amado e Divino Mestre
Jesus Cristo.
Eu Sou, Eu Sou, Eu Sou
a Ressurreição e a vida de minha
ilimitada força e vigor,
em nome do Bem-Amado e Divino Mestre
Jesus Cristo.
Eu Sou o poder do puro Amor Divino
que dirige todos os acontecimentos sobre
a Terra,
conduzindo-os à perfeição.
Eu Sou o poder do puro Amor Divino
que dirige todos os acontecimentos sobre
a Terra,
conduzindo-os à perfeição.
Eu Sou o poder do puro Amor Divino
que dirige todos os acontecimentos sobre
a Terra,
conduzindo-os à perfeição.
Em nome dos Bem-Amados Santo Aéolo,
Maha Chohan, Saint Germain e Mestre
Ling, afirmo:
Eu Sou sempre e em todas as horas*

a expansão do Amor e da Bem-aventurança.
Eu Sou sempre e em todas as horas
a expansão do Amor e da Bem-aventurança.
Eu Sou sempre e em todas as horas
a expansão do Amor e da Bem-aventurança.
Ó vós, Bem-Amado Mestre Ling, selai-me, e a toda a Humanidade, num infinito caudal de vossa Bem-aventurança Cósmica.
Transformai-me, e a todo o Planeta Terra, num Perene Dourado Sol da Bem-aventurança Cósmica, e sustentai tudo isso até que eu e toda a vida deste Planeta sejamos Ascensionados e Livres.
Eu vos agradeço e aceito tudo isso como poderosamente ativo e eternamente sustentado, pois peço e afirmo:
Em Nome do Santíssimo Deus Eu Sou.
Em Nome do Santíssimo Deus Eu Sou.
Em Nome do Santíssimo Deus Eu Sou.
Ainda peço a vós, Bem-Amados mestre Hilarion, Mãe Maria, Arcanjo Rafael, Elohim Vista e Cristal, Deusa Palas Atenas, para envolverdes a nós e a toda vida da Terra em vosso momentum de Cura, Verdade e Concentração.

Curai a mim e à Humanidade de tudo o que deve ser curado, de todos os males físicos, etéricos, mentais e emocionais, e mantende tudo isso poderosamente ativo, até que sejamos todos ascensionados e livres.
Assim seja.
Peço também a vós, Bem-Amados anjos e divindades da iluminação e sabedoria; Bem-Amados Kuthumi, Lanto e Confúcio, Kenich Aham, La Morae e Buda Kamakura, Arcanjos Jofiel e Constância, Elohins Cassiopeia e Minerva: selai a mim e à Humanidade para sempre em vossos raios e dons da sabedoria e iluminação divina, para que possamos executar o nosso plano divino com perfeição, todos os dias e para sempre.
Eu vos agradeço.
Em nome de Deus, que os Anjos do Amor, da Paz, da Cura e da Iluminação, acompanhem sempre os Anjos da transmutação, proteção e pureza, distribuindo suas bênçãos por todo o Planeta, agora e para sempre.

E agora, selado nos Círculos Cósmicos de Proteção e Transmutação das Chamas Azul, Branco-cristal e Violeta, e plenos de Amor, Paz e Bem-Aventurança Cósmica, apele:

Através de meu Cristo e de minha própria Presença Divina Eu Sou, como Sacerdote (Sacerdotisa) da Ordem de Ezequiel, apelo a vós, Bem-Amados e Grandiosos Seres da Sétima Esfera de Luz:

Vós, Bem-Amado Mestre Ascensionado Saint Germain e Pórtia, Deusa da Oportunidade e Justiça, Bem-Amados Arcanjos Ezequiel e Santa Ametista, Bem-Amados Elohins Arcturos e Diana, Kuan Yin, Príncipe Orómasis, Buda Kamakura, Saithru e Mercedes, e a vós, Anjos e Divindades e Mestres Ascensionados que vos dedicais a irradiar o Fogo Sagrado para este Planeta:

Flamejai, flamejai, flamejai o Fogo Violeta através deste Santuário, através de meu ser, do meu lar e do meu mundo, e transformai toda a criação humana existente em mim e à minha volta, bem como as que são enviadas contra o meu ser, na Pureza, Liberdade e Perfeição dos Mestres Ascensionados.

Visualize o Fogo Violeta expandindo-se em círculos a partir do ponto onde você está, aumentando, envolvendo e transpassando todos os lugares, pessoas e situações para onde você dirige sua atenção.

Ó Bem-Amado Saint Germain, selai-me num Pilar de Fogo Violeta e mantende-o, intensificando-o, até que o meu Cristo resplandeça e assuma total ordem e controle do meu ser, do meu lar e do meu mundo.

Eu Sou um Pilar de Fogo Violeta que me envolve e acompanha constantemente, transmutando toda a criação humana existente em mim e à minha volta, bem como as que são enviadas contra o meu ser em Luz, libertando toda vida que contatar.

Eu Sou a Lei do Perdão e a Chama Transformadora de todo erro que cometi.

*Eu Sou a Lei do Perdão e a Chama
Transformadora de todo erro que cometi.
Eu Sou a Lei do Perdão e a Chama
Transformadora de todo erro que cometi.*

*Em nome da Bem-Amada Kuan Yin, do
Príncipe Orómasis, de Buda Kamakura e
de Saint Germain:*

*Eu Sou a Lei do Perdão e a Chama
Transformadora
de toda transgressão que cometi em suave
caminho do amor.*

*Eu Sou a Lei do Perdão e a Chama
Transformadora
de todo erro ou omissão que pratiquei em
serviços prestados.*

*Ó vós, Bem-Amados Senhores do Conselho
Cármico, eu vos amo e vos abençoo por
permitirdes a todos os humanos receber
os benefícios da Chama Violeta Eu Sou,
Eu Sou.*

*Eu Sou, Eu Sou, Eu Sou a Lei da
Libertação do mundo inteiro pelos
benefícios da Chama Violeta, em nome
de Saint Germain.*

*Eu Sou, Eu Sou, Eu Sou a Lei da
Libertação do mundo inteiro pelos
benefícios da Chama Violeta, em nome
de Saint Germain.*

*Eu Sou, Eu Sou, Eu Sou a Lei da
Libertação do mundo inteiro pelos
benefícios da Chama Violeta, em nome
de Saint Germain.*

*Eu Sou, Eu Sou, Eu Sou a Lei do Perdão e a
Chama Transformadora de todos os erros
da Humanidade em nome do Bem-Amado
Mestre Ascensionado Saint Germain.*

*Eu Sou, Eu Sou, Eu Sou a Lei do Perdão e a
Chama Transformadora de todos os erros
da Humanidade em nome do Bem-Amado
Mestre Ascensionado Saint Germain.*

Eu Sou, Eu Sou, Eu Sou a Lei do Perdão e a Chama Transformadora de todos os erros da Humanidade em nome do Bem-Amado Mestre Ascensionado Saint Germain.

Ó vós, Bem-Amado Saint Germain, em nome de Deus, apelo a vós:

Vinde, vinde, vinde em vosso corpo de pura luz eletrônica, acompanhado de vossos Anjos e Divindades do Fogo Violeta, e irradiai, irradiai, irradiai um crescente oceano de Luz Violeta em toda a atmosfera do planeta Terra.

Reforçai toda essa atividade, fazendo que gigantescas ondas eficazes do Alastrador Fogo Sagrado mergulhem e penetrem através da crosta planetária até o seu centro, transmutando toda a negatividade em seu caminho, em Pura Luz Primeva.

Visualize, no centro da Terra, o Fogo Violeta que começa a rodopiar vertiginosamente ao redor da gigantesca Cruz de Malta de Saint Germain, reforçando mais e mais a sua luz. Ele vai aumentando em força e intensidade e essa Luz vai transpassando todas as regiões do plano astral, cerceando o mal e transmutando toda negatividade em luz, substituindo imediatamente por Amor, Luz e Paz dos Mestres Ascensionados.

Que toda esta energia recém-transmutada em pura luz primeva seja imediatamente colocada à disposição do Espírito da Grande Fraternidade Branca, bem como do Santo Cristo Pessoal de toda a Humanidade, para que o Plano Divino geral se concretize.

Assim seja.

Que o infinito Fogo Violeta, que se manifesta agora e sempre no centro do orbe terráqueo, provindo da Cruz de Malta de Saint Germain e reforçado mais e mais pelas Ondas de Fogo Violeta que provêm da atmosfera exterior, rodopie mais e mais, e, retornando novamente à superfície, envolva integralmente toda a atmosfera da Terra, fazendo que perdurem somente Pensamentos e Sentimentos Bons, Nobres, Puros, Belos e Altruístas.

Assim seja.

Ó Bem-Amado Saint Germain, vinde, vinde, vinde e corporificai-vos em nome de Deus, através de toda a força e matéria impura do Universo, que traz o meu selo e o selo de toda a Humanidade, criada ou gerada por nós e nossos semelhantes, em razão de nossa ignorância, consciente ou inconscientemente, desde o início dos tempos, e transformai, transformai, transformai tudo isso na Pureza, na Liberdade e na Perfeição dos Mestres Ascensionados.

Saint Germain, selai todo ódio, toda guerra, toda desarmonia, todos os nossos erros, vícios e fraquezas, tudo o que não corresponde ao Cristo, no Fogo Violeta do Amor, da Liberdade, da Misericórdia e do Perdão, e transformai tudo em Luz, ajudando-nos a substituir nossos hábitos humanos, por Hábitos Divinos, agora e sempre, mais e mais.

Obrigado, Deus.

Eu Sou grato, grato, grato pela ação do Fogo Violeta em mim e na Mãe Terra AGORA.

Aceito estas bênçãos como poderosamente ativas e eternamente sustentadas, pois peço e afirmo:

Em Nome do Santíssimo Deus Eu Sou.
Em Nome do Santíssimo Deus Eu Sou.
Em Nome do Santíssimo Deus Eu Sou.

E, agora, apelo a vós:

Grandes seres Cósmicos Virgo e Pelleur, inundai, transpassai e purificai todo o Planeta Terra com vossa irradiante Luz Violeta.

Grandes seres Cósmicos Virgo e Pelleur, inundai, transpassai e purificai todo o

Planeta Terra com vossa irradiante Luz Violeta.

Grandes seres Cósmicos Virgo e Pelleur, inundai, transpassai e purificai todo o Planeta Terra com vossa irradiante Luz Violeta.

E peço também a vós, Bem-Amada e grandiosa legião de Mestres Ascensionados:

Vinde, vinde, vinde em união com os Anjos e Divindades da Sétima Esfera de Luz e reforçai esta Atividade do Fogo Violeta em todo o orbe terráqueo.

Eu Sou, Eu Sou, Eu Sou a Lei do Perdão e a Chama Transformadora dos Mestres Ascensionados para todo o mau uso que eu e toda a Humanidade fizemos da Vida e dos Seres Elementais desde o início dos tempos.

Em nome dos Bem-Amados Elohins Arcturos e Divina Diana, Arcanjos Ezequiel e Santa Ametista e Saint Germain e Pórtia.

Visualizando o Planeta Terra totalmente envolto e transpassado pelo Fogo Violeta, apele:

Bem-Amado e Poderoso Mestre Saint Germain, dai o formato de uma gigantesca Cruz de Malta a todo este Fogo Violeta que envolve e transpassa o planeta.

Visualize o Planeta Terra girando no espaço dentro de uma gigantesca Cruz de Malta de Fogo Violeta, que, vibrando em uníssono com a outra Cruz de Malta no centro da Terra, vibram, fluem e flamejam intensamente adicionais megatoneladas de Luz Violeta a cada instante, a cada hora e a cada dia em todos os planos e dimensões, em todas as consciências, em cada lugar e recanto sob e sobre a Terra, transformando toda a negatividade em luz e manifestando para sempre a Vitória Total do Cristo Cósmico.

Que estas Cruzes de Malta, vibrando dentro e fora da Terra, reforcem infinitamente o poder transmutador dos Círculos e Espadas Cósmicas de Chama Azul, Branco-cristal e Violeta.

Em nome do Santíssimo Deus Eu Sou o que Eu Sou em nossos corações, assim é, assim é, assim é.

Eu Sou grato, grato, grato por todas as bênçãos e dádivas recebidas e por sua perpétua atividade, até todos sermos Ascensionados e Livres.

Agora, em nome de El Morya, visualize uma gigantesca Taça Dourada pairando sobre o Planeta Terra, repleta da Perfeição Dourada do Cristo, com as cintilações dos Sete Raios dos Elohim.

Essa Taça Dourada se inclina e derrama Fogo Violeta através do eixo superior da Cruz de Malta que envolve a Terra, banhando-a num gigantesco Oceano de Luz Dourada com as cintilações dos Sete Raios, que inundam e iluminam toda a atmosfera da Terra, fazendo resplandecer o Cristo em cada coração humano. E então, penetrando através da crosta planetária, manifesta um poderoso Sol Dourado do Cristo no Centro da Terra, que, potencializando-se, aumenta de tamanho mais e mais, ultrapassando a superfície, e transformando finalmente o Planeta na Sagrada Estrela da Liberdade de Saint Germain, num Fulgurante Sol de Luz Dourada com a cintilação total dos Sete Raios.

Ao receber toda essa Sagrada energia, afirme:

> *Em nome do Bem-Amado e Divino Mestre Jesus Cristo, e em nome do Bem-Amado Mestre Ascensionado Serápis Bey, afirmo:*
> *Eu Sou a Ressurreição e a Vida da Divina Perfeição.*
> *Eu Sou a Ascensão na Luz.*
> *Eu Sou o Eu Sou.*
> *A vitória me pertence.*
> *Eu Sou a Ressurreição e a Vida da Divina Perfeição.*
> *Eu Sou a Ascensão na Luz.*
> *Eu Sou o Eu Sou.*
> *A vitória me pertence.*
> *Eu Sou a Ressurreição e a Vida da Divina Perfeição.*
> *Eu Sou a Ascensão na Luz.*
> *Eu Sou o Eu Sou.*
> *A vitória me pertence.*

Apelo ainda a vós, Bem-Amada Mãe Maria.

Uni vossas energias com as das Senhoras do Reino, Astrea, Pórtia e Kuan Yin, e transformai vitoriosamente todos os lares do planeta em resplandecentes focos do Fogo Sagrado.

Protegei a minha família nestes momentos de tribulação e deixai-nos viver para sempre em vosso Sagrado Coração de Amor, Eu Sou.

Eu Sou grato, grato, grato por todas as bênçãos e dádivas recebidas, bem como por sua manutenção e continuidade.

Selado para sempre na Sétupla Chama Cósmica dos Poderosos Elohim da Criação, e envolto na Tríplice Atividade da Chama Trina, vá e enfrente a vida com os passos firmes de um conquistador, de um poderoso mestre sobre todas as substâncias e energias dos mundos em geral.

Que assim seja.

Que a Luz Crística resplandeça em seu coração, em nome do Amor, da Sabedoria e do Poder do Fogo Sagrado.

Cada coração é um santuário da Grande Fraternidade Branca, um foco de luz dos Amados e Eternos Mestres Ascensionados da Luz de Deus que nunca falha.

Para finalizar, afirme:

Eu Sou Luz.
Eu Sou Luz.
Eu Sou Luz.

A Luz que abençoa e cura o inconsciente coletivo da Humanidade agora!

Assim É!
Assim É!
Assim É!

Sobre a Autora

Deyse Bueno

CARMEN BALHESTERO, sensitiva, conduz Meditações pela Paz e Cura na Mãe Terra desde 1980, a pedido do Mestre Saint Germain, e, em 1985, fundou a Fraternidade Pax Universal. Também foi a precursora na organização das Conferências Internacionais de Metafísica no Brasil, tendo a primeira sido realizada em 1988, na Universidade de São Paulo (USP).

Sobre a Autora

Os contatos de Carmen com a Hierarquia da Grande Fraternidade Branca são realizados desde a sua infância, e o chamado ao trabalho ocorreu em 1985. Desde então, Carmen deu início a um intenso ciclo de atividades, como parte de sua missão, e passou a realizar palestras e cursos em diversas cidades, no Brasil, na Europa e nos Estados Unidos. Em 1987, trabalhou voluntariamente, durante sete meses, no Instituto Louise Hay, em Los Angeles, com energização para doentes de Câncer e de AIDS, e, em 1989, trabalhou durante um ano, também voluntariamente, no Spiritual Healing Center, em São Francisco.

Carmen foi preparada pelo Mestre Saint Germain para ser um puro canal da Fraternidade Branca na Terra, e sua vida, hoje, caracteriza uma Perfeita Unidade com o serviço de Canal da Grande Fraternidade Branca.

A Fraternidade Pax Universal

A **FRATERNIDADE PAX UNIVERSAL** é uma entidade metafísica, sem fins lucrativos, criada para promover o despertar da consciência humana para o Terceiro Milênio e formar uma nova família fraterna no Planeta, com o auxílio dos Servidores da Luz presentemente encarnados. Seus dirigentes são a Hierarquia da Grande Fraternidade Branca Universal, Elementais da Natureza, Seres Interdimensionais, Correntes de Cura e Irmãos Interplanetários que, sob a regência do Mestre Saint Germain, se manifestam por meio da sensitiva e fundadora da PAX, Carmen Balhestero.

Desde 1980, a PAX realiza trabalhos de vibração pela Paz e Cura Universal todas as quintas-feiras, às 15 horas, nos quais são irradiadas as chamas Verde (da Cura), Violeta (da Transmutação do Mestre Saint Germain) e Dourada (da Iluminação) para a purificação da aura do Planeta e de seus habitantes em todas as dimensões. Também são canalizadas mensagens dos Mestres dos Sete Raios da Grande Fraternidade Branca Universal sobre o momento planetário atual. Paralelamente, mais de 20 atividades gratuitas são realizadas semanalmente.

Para mais informações sobre a PAX, consulte <www.pax.org.br> ou entre em contato pelo *e-mail*: pax@pax.org.br.

Nota do Editor

A Madras Editora não participa, endossa ou tem qualquer autoridade ou responsabilidade no que diz respeito a transações particulares de negócio entre o autor e o público.

Quaisquer referências de internet contidas neste trabalho são as atuais, no momento de sua publicação, mas o editor não pode garantir que a localização específica será mantida.

MADRAS Editora

Para mais informações sobre a Madras Editora, sua história no mercado editorial e seu catálogo de títulos publicados:

Entre e cadastre-se no site:

www.madras.com.br

Para mensagens, parcerias, sugestões e dúvidas, mande-nos um e-mail:

marketing@madras.com.br

SAIBA MAIS

Saiba mais sobre nossos lançamentos, autores e eventos seguindo-nos no facebook e twitter:

@madrased

/madraseditora